Jürgen Wächter

Die frühe Geschichte der Engern in der Thidrekssage

AF280469

Jürgen Wächter

Die frühe Geschichte der Engern in der Thidrekssage

Impressum

Bibliografische Information der Deutschen Nationalbibliothek: Die Deutsche Nationalbibliothek verzeichnet diese Publikation in der Deutschen Nationalbibliografie; detaillierte bibliografische Daten sind im Internet über http://dnb.dnb.de abrufbar.

Verlag: BoD · Books on Demand GmbH, In de Tarpen 42, 22848 Norderstedt, bod@bod.de
Druck: Libri Plureos GmbH, Friedensallee 273, 22763 Hamburg

ISBN: 978-3-7693-5422-5

Inhaltsverzeichnis

1. Einleitung 9

2. Der Inhalt der Sage über Dietrichs Ritt zum Riemslohwald 21

3. Sagenkundlicher Ansatz 23

4. Geographischer Ansatz 33

5. Entstehungsgeschichtlicher Ansatz 67

6. Regionalgeschichtlicher Ansatz 85

7. Ergebnis 121

8. Literatur 123

1. Einleitung

Zur Geschichte des sächsischen Stammes der Engern ist sehr wenig bekannt. Erst mit den Auseinandersetzungen zwischen Karl dem Großen und Sachsenherzog Widukind Ende des 8. Jahrhunderts treten die Engern in den Gesichtskreis der Geschichte. Für die Zeit davor besitzen wir einige archäologische Funde, doch sie gewähren uns nur kleine Einblicke in das frühmittelalterliche Leben der Menschen im Osnabrücker Land und in Ostwestfalen.

Nahezu unbeachtet blieb bisher, dass uns eine wohl aus dem 5. Jahrhundert stammende Sage auch in das Land der Engern führt und einige Informationen gibt. Es handelt sich um die Thidrekssage. In diesem Buch soll ein Blick auf die Teile der Thidrekssage geworfen werden, die uns Hinweise auf die Engern liefern können.

Eine Sage ist nach dem Etymologischen Wörterbuch „eine Erzählung historischen Inhalts, die nicht bewiesen ist". Sage kommt vom althochdeutschen Wort „saga", mittelhochdeutsch "sage", und meint eine Erzählung oder einen mündlichen Bericht.[1] Es handelt sich somit um meist über mehrere Generationen mündlich tradierte Erzählungen, die erst später einmal oder mehrmals verschriftlicht wurden.

Über den Inhalt von Sagen gingen die Meinungen schon immer weit auseinander. Während die eine Seite in ihnen Berichte mit völligem Wahrheitsgehalt sah, verlegten andere sie in den Bereich der Erfindung und stritten jeden Bezug zu geschichtlicher Realität ab. Erst mit den Ergebnissen der Oral History-Forschung, also der Erforschung mündlich weitergegebenen Wissens bei Naturvölkern, bäuerlichen Gruppen, Minderheitengruppen etc., kam man zu einer ausgewogeneren Betrachtung alter Sagen.

Heute ist man sich einig, dass historischen Sagen ein historischer Kern innewohnt. Es sind also Geschichten über reale Geschehnisse, die allerdings durch das häufige Weitererzählen, durch spätere Ergänzungen und Erklärungen, durch Weglassen einzelner Teile und meist gutgemeinte

---

[1] PFEIFER 2018: 1156.

Verschlimmbesserungen mit der Zeit deutliche Veränderungen erfahren haben.

Dies gilt selbst noch dann, wenn die Sagen schließlich verschriftlicht wurden. Auch hier veränderte jeder Kopist bewusst oder unbewusst. Und wenn es mehrere teilweise voneinander abweichende Verschriftlichungen gab, wurde versucht, diese in neuen Abschriften zu vereinheitlichen und dabei das „jeweils Richtige" für eine Neufassung auszuwählen. Und was der Kopist nicht verstand, versuchte er mit dem Verstand seiner Zeit zu ergründen und zu erklären und änderte so mit bestem Gewissen.

Die wissenschaftliche Analyse von Sagen muss daher versuchen, die mit der Zeit geschehenen Veränderungen aufzuspüren und soweit wie möglich rückgängig zu machen, um sich dem ehemaligen Sagentext wieder anzunähern. Nur dann kann der historische Kern dahinter sichtbar werden. In der Gänze wird das bei keiner Sage mehr gelingen, zu groß sind die in der Zeit geschehenen Veränderungen. Doch wurden durch die Oral History-Forschung verschiedene Methoden entwickelt. Auch die Religionswissenschaft, die Germanistik und die Literaturwissenschaft können helfen, der historischen Wahrheit näherzukommen, z. b. indem sie Teilgeschichten einer Sage als aus anderen Sagen oder Schriften entlehnte Elemente erkennen.

In der Thidrekssaga, mit der wir uns hier beschäftigen wollen, ist z. B. die Beschreibung der Jugendzeit des Helden Siegfried eine solche Einfügung. Siegfried, der den Drachen tötete, ist durch viele Erzählungen, das Nibelungenlied und ganz besonders die Opern Richard Wagners ja allgemein zum Helden der deutschen Frühzeit emporgehoben worden. Dabei hat seine Teilgeschichte einen ganz anderen, und zwar religiösen Hintergrund, der uns weit in die Zeit zurückführt.

Holzarbeit von der Kirche in Hylestad in Südwestnorwegen, 12. Jhd. Siegfried tötet den Drachen Fafnir.

Der Drache, den Siegfried erschlägt, ist ein Symbol, das in Nord- und Mitteleuropa mindestens seit der Bronzezeit auftaucht. Er steht im Zusammenhang mit dem Sonnengott, der als „Jüngling mit goldenem Haar oder mit Strahlenkrone" als „junger, lichter Held" und Sohn des Himmelsgottes und der Erdmutter wiedergeboren wird.[2] Als Baby wird der Held in einem Körbchen auf einen Fluss gesetzt, bis er dann im Wald an das Ufer treibt und von einer Hindin aufgezogen wird. Schließlich gelangt er an einen Schmied, der ihn weiter erzieht. Als Jugendlicher kämpft dieser Sonnenheld dann mit dem Drachen der Finsternis, der das Dunkle und die Winterzeit symbolisiert. Nachdem er den Drachen getötet hat, badet er in dessem Blut, nimmt das glänzendes Gold des Drachen und rettet eine in einer Ringburg eingeschlossene Jungfrau, die die verjüngte Erdmutter

---

[2] VERHAGEN 1999: 218.

symbolisiert.[3] Diese uralte Erzählung über den Sieg des Sonnengottes als Repräsentant des Sommers, der Wärme und des Guten gegen den Winter mit Dunkelheit und Kälte und des Bösen schlechthin sowie die Wiedervereinigung des neuerstandenen verjüngten Sonnengottes mit der verjüngten Erdmutter ist in vielen Formen, religiösen Geschichten und Märchen in der europäischen Mythologie überliefert, bishin zum Dornröschenmärchen, der griechischen Perseussage, der Sage über Poseidon und der Legende vom Heiligen Georg.[4]

In nahezu vollständiger Form taucht die Geschichte auch in der Thidrekssage auf, wo in den Kapiteln 142-149 genau dies berichtet wird und der Lichtgott hier den Namen Sigfrid trägt, ein passender Name. Die ganze Gesichte Sigfrids bis hierhin ist also eine Übernahme uralter religiöser Mythen. Tatsächlich gibt es viele Beispiele, in denen der Drachenkampf in der germanischen Kunst und Literatur dargestellt wurde, die Thidrekssage macht hier keine Ausnahme. Insoweit wäre es aber unsinnig, diese Geschichte etwa einer wahren historischen Person zuzuordnen oder gar eine Lokalisierung dieser Pseudoereignisse zu versuchen. Man muss also schon genau schauen, welche Teile einer Sage für historische Untersuchungen Erkenntnisse bringen können und welche nicht. Dies heißt aber auch nicht, dass jede Erwähnung eines Drachen gleich mit dem Sonnengott zu tun haben muss. Wir werden später sehen, dass der Drachenkampf Didriks im Riemslohwald eine ganz andere Bewandtnis hat.

Insgesamt sind solche Einschübe in der Thidrekssage gut zu erkennen. Doch sie nehmen nur kleine Teile des Gesamtwerkes ein. Hauptsächlich geht es um die Beschreibung des Lebens König Dietrichs von Bern (Thidrek). Es wird beschrieben, wie er als junger Mann am Königssitz seines Vaters aufwächst und seine ersten Kämpfe als Ritter besteht. Dietrich nimmt an Feldzügen teil, besucht andere Königreiche und wird nach dem Tod seines Vaters selber König von Bern. In einem Konflikt mit seinem Onkel Ermenrich wird er von diesem aus Bern vertrieben und lebt danach im Asyl bei König Attala von Hunaland, den er mit seiner Kamperfahrung unterstützt. Erzählt wird auch von einem Kleinkönigtum der Niflungen, deren Herrscherfamilie während eines Besuchs bei König Attala fast vollständig getötet wird.

---

[3] Siehe dazu VERHAGEN 1983: 78-85, 1999: 223-228.
[4] Vgl. VERHAGEN 1999: 233-234.

Schließlich gelingt Dietrich nach vielen Jahrzehnten die Rückeroberung seines Königssitzes Bern und die Gewinnung des Königreiches seines Onkels Ermenrich. Die Thidrekssage war im Mittelalter weit verbreitet und wurde an den Höfen erzählt und besungen.

Obwohl es viele wissenschaftliche Methoden zur Analyse von Sagen gibt, und so ein Licht auf die in ihnen berichteten Geschehnisse geworfen werden kann, herrscht nun alles andere als Einigkeit unter den Fachleuten. Der Kampf hinsichtlich der Entschlüsselung der Thidrekssaga findet leider schon seit mehreren Jahrzehnten zwischen zwei Lagern statt, den Laienforschern auf der einen und den universitären Facheliten auf der anderen Seite.

Die Beschäftigung mit der Thidrekssaga erfolgt schon seit etwa 200 Jahren durch interessierte Laien, die einfach die Geschichte darin faszinierte und die zur Aufklärung und Lokalisierung der Geschehnisse beitragen wollten. Diese Gruppe ist aus Personen unterschiedlicher Herkunft und unterschiedlicher Fähigkeiten zusammengesetzt. Im 19. Jahrhundert waren es oft Lehrer und Pastoren, die nachzuweisen versuchten, dass die in den Sagen genannten Lokalitäten genau vor ihrer eigenen Haustür lagen. So gibt es heute gleich eine ganze Zahl an Quellen, an denen Hagen Siegfried erschlagen haben soll, ebenso wie über 300 Schlachtfelder von Varus und Arminius gefunden wurden. Und natürlich wussten manche auch, wo überall Siegfrieds Drachenkampf stattfand. Unwissen, Suche nach eigenem Ruhm, Überheblichkeit, Überinterpretation von Feldwällen und Landwehren zu Römerlagern Angrivarierwällen und Hunnenburgen, Lokalpatriotismus und Nationalstolz dürften zu all dem beigetragen haben, hier der Fantasie freien Lauf zu lassen.

Eines der Hauptfelder der Laienforscher waren die in den Sagen genannten Ortsnamen, die man in vielfältigster Weise interpretierte, umformte und passend machte, wie man es gerade so benötigte. Dabei verwendeten manche Heimatforscher aktuelle Schreibungen, ohne Heranziehung der ältesten erhaltenen Form und ohne einfachste Grundkenntnisse der Sprachforschung. Viele Ortsnamen erschienen ja eindeutig. Siegfrieds Drachenkampf fand natürlich am Drachenfels statt, Dietrich von Bern erschlug den Drachen an der Dietrichsburg und reiste dann wieder ins italienische Verona, denn dort lebte ja Theoderich der Große, als der Dietrich identifiziert wurde. Alles war so einfach. Man musste nur behaupten und schon schrieben es andere ab und glaubten es. Solche wackeligen Konstrukte wurden in Texte und Karten übertragen und erweckten dann den Anschein von Realität, so dass sie von folgenden Forschern nicht mehr angezweifelt wurden. Wir werden später sehen, wie solcher Unsinn z. B. hinsichtlich der Burg Limberg im Wiehengebirge und der Burg Altenfils bei Brilon geschah.

Doch nur weil sich irgendwo ein ähnlich klingender Name findet, muss dies noch lange kein Beweis für eine Identität mit in Sagen angegebenen Namen haben. Sehr viele Orts- und Flurnamen mag es im Laufe der Zeit gegeben haben, die wieder verschwunden oder durch andere ersetzt worden sind. Weitere Namen kommen mehrfach in der Landschaft Nordwestdeutschlands vor, weil sie immer wieder für die Beschreibung einer Örtlichkeit passend waren oder sie z. B. für die Benennung von Burgen als stark und ruhmreich galten (z. B. Löwen-, Falken-, Ravensburg).[5] Einzelne Ortsnamen sind da wenig relevant. Geschaut werden muss auf ein Netz von in Beziehung stehenden Ortsnamen, die in ihrer Lage Relevanz zur in der Sage tradierten Geschichte haben. Der Germanist Heinz Ritter hatte dies schon früh erkannt und versucht, solch ein Netz zu finden.

Bis in die neueste Zeit tauchen zur Frühgeschichte auch ansonsten skurrilste Theorien auf. Da gibt es Autoren, die, ohne geologische Kenntnisse, frühgeschichtliche Großskulpturen in natürlichen Erosionsformen von Gesteinen zu sehen meinen, merkwürdige Linien zwischen vorgeschichtlichen Fundpunkten konstruieren oder elektromagnetische Erscheinungen an angeblich heiligen Steinen gemessen haben wollen.[6] Andere vermengen in wilder Spekulation Thidrekssage und römisch-germanische Kriege[7]. Es kann hier nicht der Raum sein, dies alles wiederzugeben.

Insgesamt gesehen war die Tätigkeit der Laienforscher durchweg arg spekulativ, wenig fundiert und oft mehr durch den Wunsch als den Beweis geprägt. Mit ihren Behauptungen und skurrilen Thesen haben sie die Sagen zusätzlich mit modernen Mythen umgeben, die noch heute diskutiert und ungeprüft weiterverwendet werden. Letztendlich sind diese modernen

---

[5] Etwa zum Namen Bielstein siehe WÄCHTER 1996.
[6] HENZE 2006; MEIER et al. 2016; NEUMANN-GUNDRUM 1994 u. v. w.
[7] MARQUARDT 2014.

Mythen Ballast, der erst einmal abgeworfen werden muss, um sich der eigentlichen Sage wieder nähern zu können.

Aber wie sollte es anders sein, wenn sich viele Menschen, vieler Herkunft mit vielen Kenntnissen und Fähigkeiten einer Sache nähern. Dann gibt es viel Unsinn, aber immer einige wenige, die dann doch einen hervorragenden Fund machen. Und so gab es selbstverständlich immer wieder Laien, die sich so intensiv und so lange mit ihrem Thema beschäftigten, dass sie Wissen und Kenntnisse erlangten, das universitäre Fachwissenschaftler nicht hatten. Heute nennen wir dies Citizen Science.[8] Das sind Menschen, die für ihre Forschungen nicht bezahlt werden, sondern sie aus Freude machen, ehrenhalber heißt es auf Neudeutsch. Wir finden sie etwa in der Botanik, im Naturschutz, bei Flächensondierungen für die Archäologie, in der Geologie und vielen weiteren Gebieten. Sie arbeiten meist in Bereichen, für die in der universitären Forschung keine Gelder zur Verfügung stehen. Ohne sie würde es manche Wissenschaftsbereiche heute kaum mehr geben. Diese Menschen sind ein Schatz, den es zu bewahren gilt.

Doch will die staatlich finanzierte Wissenschaft heute von den Vertretern der Citizen Science oft kaum etwas wissen, was mehrere Gründe hat. Einerseits sind die Unsinnigkeiten mancher Hobbyforscher einfach zu gewaltig gewesen, als dass man seinen wissenschaftlichen Ruf durch eine Zusammenarbeit in Gefahr bringen will. Da braucht es schon längeren Austausch, um zu erkennen, dass man es nicht mit einem Spinner, sondern mit einem kenntnisreichen Fachmann zu tun hat.

Andere sehen ängstlich eine Konkurrenz, der sie sich nicht gewachsen sehen. Das tritt besonders in Bereichen auf, die von anderen Wissenschaftsbereichen nur als sogenannte Hilfswissenschaften bezeichnet werden. Die Archäologie ist da u. a. sehr gefährdet. Sie benötigt für ihre Arbeit im Gelände und bei der Restauration den Typus des Erbenzählers, also eine Buchhalternatur, die mit größter Exaktheit im Kleinen arbeiten muss. Bei Ausgrabungen wird eine Grabungsfläche zerstört, was es erfordert, jeden Fund exakt einzumessen, zu zeichnen, Bodenproben und -profile zu nehmen, Pollen zu untersuchen und vieles mehr. Was vergessen wird zu untersuchen oder zu notieren, ist für allemal vernichtet. Und auch

---

[8] Siehe dazu FINKE 2014.

späteren Forschern sollen die Untersuchungen ja noch zur Verfügung stehen. Die Exaktheit der Funddarstellung sowie die Sorgfalt bei der Restauration der Funde sind somit überaus wichtig und dafür braucht es halt die pedantischen, verlässlichen Menschen. In der Psychologie wird dieser Menschentyp nach Fritz Riemann als „Zwanghafte Persönlichkeit" bezeichnet.[9] Zwanghafte Persönlichkeiten haben Angst vor Wandlung und vor Unvorhergesehenem. Deshalb findet man kaum Archäologen, die zu größeren Interpretationen ihrer Funde bereit sind. Die Funde werden zwar vorgestellt, doch es gilt nur, was bewiesen und ganz sicher ist. Kommen da plötzlich „Fachfremde" und gehen locker mit den Funddaten um und entwerfen ganz neue Theorien, wagen besondere Geistessprünge, springt natürlich jede Alarmsirene in den Köpfen der Zwangshaften Persönlichkeit los. So will man dort aus rein psychologischen Bewegungen keine Zusammenarbeit. Zum Glück gibt es natürlich Ausnahmen und die wenigen Archäologen anderer Persönlichkeit arbeiten mit Laienforschern wunderbar zusammen.

Es mag weitere Gründe geben. Bezeichnend ist etwa die Reaktion auf das 2021 erschienene Buch zur Geschichte der Stadt Melle von Bernd Meier.[10] Ein Museumspädagoge schrieb darüber, dass sich „Antworten nur unter Berücksichtigung eines Rahmens finden lassen, der innerhalb der vergangenen Jahrzehnte von verschiedener fachwissenschaftlicher Seite aus erarbeitet wurde".[11] Man soll also im Rahmen dessen bleiben, was bereits anerkannt ist. Neue Ansätze sind gar nicht erwünscht. Der Verfasser geht sogar soweit, sich zu erdreisten: „Unter den beschriebenen Voraussetzungen ist das Vorhaben daher eher geeignet, den Wert der bisher von anderer Seite vorliegenden, fachlich seriös abgesicherten Darstellungen nachhaltig zu schädigen".[12] Solche Vorstellungen gefährden die Entwicklung der Wissenschaften erheblich.

Besonders gefährlich ist es für Außenseiter, mit ihren Erkenntnissen einmal eingefahrenen Theorien und Glaubenssätze einer Forscherrichtung ins Wanken bringen zu wollen. Bezeichnend war z. B. der Umgang der

---

[9] WÄCHTER 2022: 64-69; RIEMANN 1961.
[10] MEIER 2021.
[11] ZEHM & PLAß 2024: 86.
[12] ZEHM % PLAß 2024: 86.

16

staatlichen Archäologie Schleswig-Holsteins mit den mykenischen Funden durch Hans Peter Duerr im Wattenmeer vor St. Peter Ording. Duerr, immerhin Professor für Ethnologie und Kulturgeschichte, hatte aufgrund von Funden im Wattenmeer die These aufgestellt, dass ein mykenisches Handelsschiff um 1.300 v. Chr. die deutsche Küste zwischen Pellworm und Nordstrand angelaufen habe und dort gesunken sei. Angesichts der Tatsache, dass damals die nordische Bronzezeit ihren kulturellen Höhepunkt erreicht hatte, war dies eine durchaus mögliche Schlussfolgerung. Die amtliche Archäologie nahm aber sofort einen Panikmodus ein, schaute sich die Fundstelle gar nicht an und befeuerte den fachfremden Duerr mit der Behauptung, dass so etwas gar nicht sein könne, da frühe Schiffe nicht bis in die Nordsee hätten fahren können. Man steckte also den Kopf in den Sand. Paul Feyerabend schrieb darauf, dass „akademische Nagetiere" auf die Bäume geflüchtet seien um Duerr „von diesen sicheren Verstecken aus mit ihren Denkabfällen zu bombardieren" so dass der „Stumpfsinn weiterhin die Szene beherrsche".[13] Nachdem auch Bezichtigungen, Duerr habe die Funde gefälscht, nicht aufrechterhalten werden konnten,[14] wurde dann der Schleier des Schweigens über seine Entdeckungen gelegt und auf Briefe von ihm gar nicht mehr geantwortet. Duerr schrieb dazu, dass „die Ende der siebziger Jahre noch rudimentär vorhandene Diskussionskultur mittlerweile unter der Ägide der herrschenden akademischen Seilschaften fast völlig durch Leisetreterei sowie durch politisch korrektes Duckmäuser- und Denunziantentum ersetzt worden ist".[15] Und das ist leider kein Einzelfall.

So sind die in viele Richtungen denkenden Laienwissenschaftler für bestehende Wissenschaftsgebäude viel zu gefährlich. Und das ist nicht nur in der Archäologie und den historischen Wissenschaften so. Auch die Germanistik und Literaturwissenschaft ist in solchen Verhaltensweisen arg vertreten. Hier werden Texte zur Thidrekssage aus der eigenen Clique interessanterweise meist anerkannt, auch wenn sie völlig auf Vermutungen basieren und nichts wirklich Nachweisbares bringen.[16] So hatte vor den entscheidenden Veröffentlichungen von Heinz Ritter z. B. Dietrich Hofmann 1981 noch einem Artikel über die Lokalisierung von in der Thidrekssage

---

[13] DUERR 2011: 570.
[14] DUERR 2011: 579-580.
[15] DUERR 2011: 570.
[16] Siehe z. B. den Artikel von KRAMARZ-BEIN 2002.

genannten Örtlichkeiten in Soest im Jahrbuch für niederdeutsche Sprachforschung platzieren können.[17] Doch mit der Verbreitung der Forschungen Heinz Ritters zur Thidrekssage ging die Germanistik auf Abwehrhaltung. Da kratzte einer an den Grundfesten. Das konnte man nicht zulassen. Also wurde fachintern auch über ihn der Nebelschleier der Nichtexistenz geworfen und spätere Schriften zur Thidrekssage wurden in vielen Fachzeitschriften nur noch im Rahmen des internen Fachkonsenses zugelassen. Entsprechend fade und inhaltslos sind sie daher oft.

Es wurde schließlich das Dogma in die Welt gesetzt, die Thidrekssage sei nicht ursprünglich, sondern ein billiger Abklatsch des Nibelungenliedes. Da sollte es nichts mehr zu diskutieren geben, basta. Neuere Erkenntnisse wurden nicht mehr im universitären Kanon zugelassen, etwa dass

- die Thidrekssage eine auf das 5. Jahrhundert zurückgehende Sage ist;

- das Nibelungenlied erst durch einen hochmittelalterlichen Dichter geschaffen wurde, der Teile der Thidrekssage als Inspiration für sein Werk nahm („Uns ist in alten mæren wunders vil geseit...“[18]);

- die Thidrekssage nicht in Süddeutschland spielt, sondern Ereignisse im nordwestdeutschen Bereich beschreibt;

- die Thidrekssage Ortsnamen angibt, die sich heute teilweise noch im niederrheinisch-westfälischen Raum wiederfinden.

- u. v. w.

Die Gegnerschaft zwischen Citizen Science und universitärer Wissenschaft ist nicht nur unnötig, sie behindert insgesamt den wissenschaftlichen Fortschritt. Überzogener Unfug, Ängste und Überheblichkeiten schaden den Disziplinen in gleicher Weise. Besser wäre es, Wege für eine gemeinsame Zusammenarbeit zu finden, die einerseits die Qualität der wissenschaftlichen Methodik gewährleistet und andererseits aufgeschlossen für neue und abweichende Meinungen ist, diese ohne Festhalten an etablierten

---

[17] HOFMANN 1981.
[18] BOOR 1965.

Weltbildern diskutiert und untersucht. Denn Wissenschaft ist und bleibt nichts Fertiges, sondern immer nur ein Zwischenzustand der Erkenntnis, der, um weiter voranzukommen, immer wieder angezweifelt, überprüft und neu formuliert werden muss.

Das meiste, was etwa Siegmund Freud zur Psychologie geschrieben hat, lässt sich heute als falsch oder als Unsinn abtun. Aber das ist egal. Er hat mit den Forschungen auf seinem Fachgebiet begonnen und konnte natürlich nicht alles richtig machen. Aber damit hat er ein Fachgebiet begründet, dass sich entwickeln konnte und das nunmehr Millionen von betroffenen Menschen Hilfe gibt. Dafür gebührt ihm große Dankbarkeit. Heinz Ritter hat als einer der ersten darauf hingewiesen, dass die Thidrekssage ein Vorläufer des Nibelungenliedes ist und die Handlungen in ihr im nordwestdeutschen Raum stattfinden. Er hat versucht für die Sage ein Ortsnetz zu entwickeln, das mit den genannten Namen und Geschehnissen zusammenpasst. Dabei hat auch er eine ganze Reihe von Fehlern gemacht. Natürlich, denn er war auch der erste, der auf diesem Gebiet so weit dachte und damit einen neuen Ansatz für weitere Forschung ermöglichte. Dafür gebührt ihm ebenso große Dankbarkeit.

Aufgabe der zukünftigen Forschung an der Thidrekssage sollte es sein, die Kluft zwischen Citizen Science und universitärer Forschung zu überwinden und gemeinsam an der Sage als wichtiger Quelle zur deutschen Geschichte des 5. Jahrhunderts zu arbeiten.

Dabei müssen als erstes die vielen um die Sage entstandenen modernen Mythen aufgedeckt und überwunden werden, um dann mit wissenschaftlicher Methodik und offenem Ausgang am dann wieder freigelegten Kern der Sage arbeiten zu können.

Dieses Buch möchte am Beispiel einer nur kleinen und für die Gesamthandlung wenig bedeutsamen Episode der Thidrekssaga einen Ansatz in diesem Sinne versuchen. Diese Episode betrifft den Zug des jugendlichen Helden Dietrich von Bern über den Osning in den Raum, den wir heute als Osnabrücker Land und Ostwestfalen bezeichnen. Was machte dieser Held dort? Wo kam er hin? Erschlug er dort wirklich einen Elefanten und einen Flugsaurier, wie es die Sage uns erzählt? Oder was steckt vielleicht tatsächlich dahinter? Und welche Erkenntnisse können wir daraus zur regionalen Geschichte der Engern, einer der drei Teilstämme der

Sachsen, im 5. Jahrhundert gewinnen? Und vor allem, was kann es uns für die Beschäftigung mit der Thidrekssage überhaupt sagen?

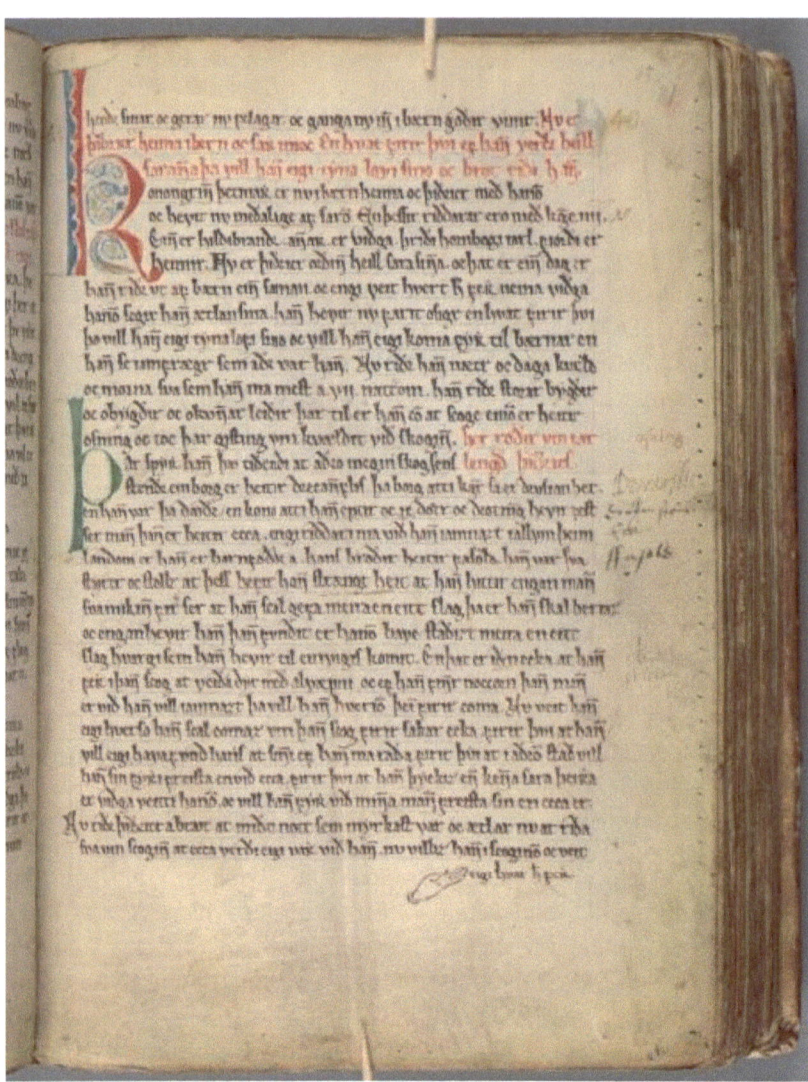

Seite aus der Handschrift der Thidrekssage in der Königlichen Bibliothek in Stockholm.

2. Der Inhalt der Sage über Didriks Ritt zum Riemslohwald

In der Thidrekssaga wird in den Kapiteln 96 bis 111 von Didriks Ritt in den Osning und seinen Abenteuern im Rimslohwald berichtet. Didrik von Bern kam „an einen Bergwald, der Osning heißt. Dort lag ein Schloß nahebei, welches Drekanfils hieß."[19] Im Wald traf Didrik auf den Verlobten der Herrin von Burg Drekanflis, Ekke, den er in einem Zweikampf tötete. Der Bruder des Toten, Fasold, bezichtigte Didrik des Mordes und forderte ihn zum Zweikampf, in dem er schwer verwundet wurde und sich daher Didrik unterwarf. Didrik erklärte, er wolle Fasold „die Ehre antun, daß ich dir einen Eid schwöre und du mir einen wieder, daß wir einer dem anderen helfen, in was für Not wir auch kommen mögen, als wären wir zwei geborene Brüder, und soll jeder des anderen Geselle heißen!"[20]

„Am Abend kamen sie an eine Stätte, die Aldinsela heißt. Dort lagen sie die Nacht über. Am Morgen ritten sie früh davon in einen Wald, der Rimslo heißt. Dort begegnete ihnen ein Tier, das Fil (Elefant) heißt. Das war beides, groß und grimm."[21] Didrik beschloss, gegen das Tier zu kämpfen. Er band sein Pferd an einen Olivenbaum und hieb auf das Tier, doch das Schwert „biß gar nicht. So schlug das Tier ihn zu Boden mit seinem Vorderfuß."[22] Auch Fasold „fand nicht die Stelle, wo er sich traute, dem Tier eine Wunde zu schlagen".[23] Schließlich stach Didrik dem Tier in den Nabel, so dass es starb.

Als sie weiter durch den Wald ritten, stießen sie auf einen Flugdrachen. „Der war ganz grimm und wunderlich. Er hatte großen Körper, große Beine, lange scharfe Klauen und große Augen. Er flog dicht über die Erde hin. Und wo er in die Erde griff mit seinen Klauen, da war es, als wäre mit dem Pflugeisen geschnitten. Er hatte im Schlund einen gewappneten Mann, die Füße drinnen bis an die Schultern, und die Hände waren innen in den Unterkiefern. Und der Mann lebte!"[24] Didrik und Fasold versuchten, den Ritter zu befreien und hieben auf den Drachen ein. Doch auch hier bissen

---

[19] RITTER 1989a: 82.
[20] RITTER 1989a: 91.
[21] RITTER 1989a: 91.
[22] RITTER 1989a: 92.
[23] RITTER 1989a: 92.
[24] RITTER 1989a: 92-93.

die Schwerter nicht. „Der Drache war stark und stur, doch hatte er nicht die Kraft zu fliegen, und kam auch nicht dazu, sich zu wehren wegen dessen, den er verschlungen hatte."[25] Didrik und Fasold nahmen dann das Schwert des Mannes und töteten damit den Drachen. Der befreite Ritter stellte sich als Jarl Sintram von Wenden vor, der elf Tage geritten sei, um Didrik zu finden. Darauf entdeckten sie den Schild Sintrams und suchten getrennt weiter nach dessen Pferd. Didrik fand es schließlich beim Jarl der Burg Aldinflis. Die drei trafen wieder aufeinander und ritten zurück nach Bern.

Diese Geschichte ist nur ein ganz kleiner Teil der Thidrekssage und führt uns in ein Gebiet, das wir heute als Osnabrücker Land und Ostwestfalen kennen. Aber wo genau fand dieser Kampf mit dem Elefanten und einem Flugdrachen statt und was machten diese Tiere hier überhaupt? Heinz Ritter hat 1980 eine nähere Deutung der Erzählung unter Einbeziehung lokaler Besonderheiten versucht.[26] Es wird ihm hier zugestimmt, dass mit dem Osning der Teutoburger Wald und mit dem „Wald, der Rimslo heißt" wohl der Riemslohwald bei Melle-Riemsloh im Kreis Osnabrück gemeint ist. Schauen wir uns dort also mal genauer um. Welche Erkenntnisse lassen sich zur frühen Geschichte der Engern gewinnen?

Mit vier verschiedenen Ansätzen, einen sagenkundlichen, einen geographischen, einen entstehungsgeschichtlichen und einen regionalgeschichtlichen Ansatz werden wir sehen, welche Erkenntnisse daraus jeweils zu gewinnen sind.

---

[25] RITTER 1989a: 93.
[26] RITTER 1980.

3. Sagenkundlicher Ansatz[27]

Der in der Thidrekssage genannte Riemslohwald wird unstrittig mit dem heutigen Riemslohwald bei Melle im Kreis Osnabrück identifiziert. Die Drachensage Didriks ist in Melle-Riemsloh allgemein bekannt und wird in Veröffentlichungen über die Sagen der Gegend immer wieder erzählt. Auch finden sich um Riemsloh andere interessante Drachenmotive wie das Drachenfest, Drachen beim Stadtfest „Fabelhaftes Melle" und Drachenabbildungen in einer Kirche.

Sollten diese Drachenmotive auf separat von der Thidrekssage tradierte Lokalsagen zurückgehen, könnten sich daraus neue Hinweise ergeben, die nähere Erkenntnisse über den Ritt Didriks in den Osning bzw. den Riemslohwald zulassen. Im Folgenden wird daher untersucht, ob die Drachensagen im Raum Riemsloh auf alte, neben der Thidrekssage überlieferte Erzählungen zurückgehen, oder ob sie aus der Thidrekssage entnommen wurden. Im ersteren Fall wäre dann zu untersuchen, ob darin zusätzliche Daten enthalten sind, die zur Erforschung der Thidrekssage und der Geschichte der Engern genutzt werden können.

Ob Riemsloh als Ort schon zur sächsischen Zeit bestand, ist fraglich. Womöglich geht es auf einen fränkischen Stützpunkt zur Sicherung der Via Regia von Osnabrück nach Herford zurück. Für Melle wird eine Kirchengründung um 800 angenommen,[28] für Riemsloh aber erst später. Der Kirchenpatron Johannes soll jedoch bei den ältesten Kirchen üblich gewesen sein.[29] In der Kirche soll ein Grabstein entdeckt worden sein, der darauf hinwies, dass es bereits um 1007 eine Kirche gab; dies ist aber unsicher. Der Kirchturm soll aus der Zeit von 1090 sein, wo Riemsloh zur Pfarrei erhoben worden sein.[30] 1461 oder 1462 erst soll der quadratische Turm errichtet worden sein 1462.[31] Weitere Baumaßnahmen erfolgten 1507,

---

[27] Dieses Kapitel wurde in Teilen bereits in der Zeitschrift Der Berner veröffentlicht (WÄCHTER 2024a).

[28] HEILMANN 1991: 3.

[29] ARBEITSGRUPPE CHRONIK DER PFARRGEMEINDE ST. JOHANN - RIEMSLOH 1990: 29.

[30] KATHOLISCHE KIRCHENGEMEINDE ST. JOHANN-RIEMSLOH 1995: 6.

[31] HEIMAT- UND VERKEHRSVEREIN RIEMSLOH 1997: 13, 17.

wobei der Sage nach Steine von der nahmen Hünenburg benutzt worden sein sollen.[32] Viele „Solls" also, ohne wirkliche Beweise.

Interessant ist die Lage von Riemsloh mit seiner Kirche innerhalb der Bauernschaften.[33] Die Pfarrgemeinde führte „von Alters her den Namen Riemsloh"[34], doch lag sie auf Grenze der Gemeinden Krukum (Krukenheim[35]) und Döhren (Dornheide[36]). Eine Bauerschaft Riemsloh gab es nie. Zum Kirchspiel Riemsloh gehörten die Bauernschaften Krukum, Döhren, Hoyel, Westhoyel, Westendorf und Groß Aschen sowie die Häuser Bruchmühlen und Kilver.[37] Am Kirchenstandort lag der Tieplatz, wo es bis in jüngere Zeit nahe des Meyerhofs zu Riemsloh noch eine jährliche Versammlung der Hausgenossenschaft gab.[38] Friedrich Müller vermutete 1847 einen heidnischen Opferaltar am Platz der heutigen Kirche,[39] was reine Spekulation war.

Seit wann wurden in Riemsloh nun die Sagen über Dietrich von Bern erzählt? Schauen wir dazu, seit wann die Thidrekssage überhaupt bekannt war. Frühe Veröffentlichungen der Thidrekssage erfolgten 1715 auf Schwedisch („Wilkina Saga eller historien om Konung Thiderich af Bern og hans kæmpar samt Niflunga Sagan"[40]), 1830 auf Dänisch („Her begynder Saggen om Kong Didrik af Bern og hans Kæmper"[41]) und 1853 auf Norwegisch („Saga Điðriks konungs af Bern: Fortælling om Kong Thidrik af Bern og hans Kæmper"**[42]**).

---

[32] KATHOLISCHE KIRCHENGEMEINDE ST. JOHANN-RIEMSLOH 1995: 7.

[33] WANDHOFF 1987: 50.

[34] HEIMAT- UND VERKEHRSVEREIN RIEMSLOH 1997: 16.

[35] HEIMAT- UND VERKEHRSVEREIN RIEMSLOH 1997: 11.

[36] HEIMAT- UND VERKEHRSVEREIN RIEMSLOH 1997: 11.

[37] ARBEITSGRUPPE CHRONIK DER PFARRGEMEINDE ST. JOHANN - RIEMSLOH 1990: 331-335.

[38] HEIMAT- UND VERKEHRSVEREIN RIEMSLOH 1997: 7

[39] ARBEITSGRUPPE CHRONIK DER PFARRGEMEINDE ST. JOHANN - RIEMSLOH 1990: 16.

[40] PERINGSKIOLD 1715. HYLTEN-CAVALLIUS (1850) veröffentlichte später nochmal eine Übersetzung ins Schwedische.

[41] RASN 1830. BERTELSEN (1905) veröffentlichte erneut den Sagentext auf Dänisch („Didriks Saga af Bern").

[42] UNGER 1853.

St. Johann-Kirche in Melle-Riemsloh im Jahr 2024.

Die erste Übersetzung der Thidrekssage ins Deutsche nahm Friedrich Heinrich von der Hagen im Jahr 1814 vor.[43] Die wissenschaftliche Fachwelt nahm die Thidrekssage mit Interesse auf, so dass dazu einige Veröffentlichungen erschienen, wie Mones „Untersuchungen zur Geschichte der teutschen Heldensage" in denen Dietrich von Bern genannt aber sein Ritt zum Osning nicht thematisiert wird.[44] 1858 übernahm August Raßmann die Sage und schilderte „Thidreks Kampf mit Ecka und Fasold",[45] sowie die Kämpfe mit dem Elefanten und dem Drachen. Dabei wurde der Name Rimslo übernommen.[46] Friedrich Holthausen war es dann, der in seinen „Studien zur Thidrekssaga" erstmals eine Beziehung zu Westfalen und den Riemslohwald aufstellte und die Lage der Orte diskutierte.[47] Auch Boer gab

[43] HAGEN 1814.
[44] MONE 1836: 65-66.
[45] RAßMANN 1858: 329-423.
[46] RAßMANN 1858: 409.
[47] HOLTHAUSEN 1884.

den Riemslohwald als den heutigen an.[48] Andere Autoren erzählten später den Ritt zum Osning frei nach[49] oder erwähnen Riemsloh gar nicht.[50]

Wie sieht es nun mit den Veröffentlichungen zur Sagenwelt aus? Bücher zur Sagenwelt Deutschlands erschienen seit dem Ende des 18. Jahrhunderts in sehr großer Zahl. Dies begann mit den sieben Bänden der „Sagen der Vorzeit" von Leonhard Wächter aus den Jahren 1787-1798 und den „Volcks-Sagen" von Johann Nachtigal bzw. Johann Büsching.[51] Bekannt wurden dann insbesondere die zweibändigen „Deutschen Sagen" der Gebrüder Grimm[52] sowie das „Deutsche Sagenbuch" von Ludwig Bechstein.[53] In all diesen wurden Sagen über Didrik von Bern an keiner Stelle genannt. Dies trifft ebenso auf die „Geschichten, Mährchen und Sagen" von Friedrich Heinrich von der Hagen, E. T. A. Hoffmann und Hendrik Steffens zu.[54] Dies ist bemerkenswert, hatte Hagen doch selbst die Thidrekssage ins Deutsche übersetzt. Dies könnte darauf hindeuten, dass er die Sage zwar aus Schweden kannte, nicht aber eine parallele deutsche Sage.

Auch in den allermeisten der zahlreichen Sagenbücher des 19. und 20. Jahrhunderts findet sich nichts über Didrik von Bern.[55] Einige weniger Ausnahmen geben Teile der Thidrekssage wieder, doch ist darin dann der Ritt zum Osning nicht aufgenommen, etwa im „Deutschen Sagenschatz" (1885)[56], in A. L. Grimms „Deutsche Sagen und Märchen für die Jugend"

---

[48] BOER 1910: 297.
[49] ERICHSEN 1924: 160-171.
[50] DROEGE 1929: 33-46; HAUPT 1914; MÜLLENHOFF 1848, 1879.
[51] WÄCHTER 1787-1798; NACHTIGALL 1800; BÜSCHING 1812.
[52] GRIMM & GRIMM 1816-1818; siehe auch GRIMM 1820, 1838.
[53] BECHSTEIN 1853.
[54] HAGEN et al. 1823.
[55] BACZKO 1815; BENTHEIM-TECKLENBURG 1847; BUBE 1839, 1842; BUSCH 1910; COECKELBERGHE-DUTZELE 1838; COLSHORN & COLSHORN 1854; DR. 1855; FELSBERG 1856; FRANZ 1830; GOTTSCHALCK 1814, 1815-1835; GRUPPE 1854; GÜNTHER 1846; HAUPT 1816; HOCKER 1857; HOFFMANN 1865; KAUFMANN 1855, 1859; KUHN & SCHWARTZ 1848; LAUCKHARD 1845; MÖRTL 1846; MUDRAK 1960; NODNAGEL 1835, 1839; PRÖHLE 1863; RICHTER 1874; RICHTER 1877; ROLLEKE 1996; SCHLEMIHL 1835; SCHOPPE 1831; SEIFART 1882; STRAUBE 1837; SUDENDORF & HEINE 1853; WOLF 1845.
[56] KASSEBEER & SOHNREY 1885.

(1886)[57] und den „Deutschen Volkssagen" von 1891[58]. In diesen wenigen Erwähnungen wurden die Passagen offensichtlich aus der Thidrekssage entnommen und bieten keine neuen Erkenntnisse. Insgesamt muss festgestellt werden, dass Didriks Ritt zum Osning in der deutschen Sagenliteratur nicht vorkommt.[59]

Nehmen wir nun einen engeren Blick auf die betroffene Region. Da diese historisch mal zu Niedersachsen und mal zu Westfalen gerechnet wurde, betrachten wir die Sagenüberlieferung beider Gebiete.

In den zweibändigen „Volkssagen, Märchen und Legenden Niedersachsens" aus dem Jahr 1840 wurden die Thidrekssage bzw. Didriks Ritt zum Osning ebenso nicht erwähnt, wie in den „Niedersächsischen Sagen" bei Georg Schambach (1855), den „Niedersächsischen Sagen und Märchen" (1855) oder späteren Sagenbüchern.[60]

In gleicher Weise findet sich keine Erwähnung in der reichhaltigen westfälischen Sagenliteratur. Weder in den „Westphälischen Sagen und Geschichten" (1831), „Westphälischen Volkssagen und Erzählungen für Jung und Alt" (1855), den „Westfälischen Sagen und Legenden (1861) oder dem „Sagenschatz Westfalens" (1884).[61] Dies gilt auch für die weniger bekannte Sagenliteratur.[62] Lediglich in Adalbert Kuhns „Sagen, Gebräuche und Märchen aus Westfalen und einigen andern, besonders den angrenzenden Gegenden Norddeutschlands" aus dem Jahr 1859 wurden

---

[57] GRIMM 1886.

[58] NOVER & WÄGNER 1891.

[59] AICK (1954) nahm zwar den Kampf mit Ecke und Fasold auf, nicht jedoch den gegen den Elefanten und den Flugdrachen. Auch werden dort keinerlei Ortsnamen angegeben, nicht einmal, dass die Geschichte beim Osning spielt.

[60] CRONE 1899; HARRYS 1840; HENNIGER & HARTEN 1907; HENSSEN 1963; PETSCHEL 1979; SCHAMBACH 1855a, b; SCHAMBACH & MÜLLER 1855.

[61] KRÜGER 1855; MANNHARDT 1855; QUANTE 1861; TEMME 1831; WEDDIGEN & HARTMANN 1884.

[62] BAHLMANN 1897, 1898; FICK 1902; HUNSCHE 2013; LAHMANN-LAMMERT 1987; REDEKER 1830; SCHELL 1905; SCHMIDT 1891; STEINBACH 1910; UHLMANN-BIXTERHEIDE 1922; VEREIN FÜR RHEINISCHE UND WESTFÄLISCHE VOLKSKUNDE 1909; ZAUNERT 1927.

Geschichten von Dietrich nacherzählt, aber auch hier ist der Ritt zum Osning nicht enthalten.[63]

Insgesamt betrachtet, kommt der Ritt Didriks in der deutschen und regionalen Sagenliteratur nicht vor. Schauen wir nun direkt auf die Überlieferungen im Osnabrücker Land.

Rainer Drewes veröffentlichte 2010 einen Artikel über die Sagensammlungen des Osnabrücker Landes.[64] Die dort aufgeführten Sammlungen wurden hier vollständig durchgesehen. Darüber hinaus wurden weitere lokale Bücher, Vereinsberichte und die Heimatliteratur gesichtet.

In der frühen Sagenliteratur taucht der Ritt zum Osning nicht auf, weder im „Idioticon Osnabrugense" (1756), verschiedensten Sagenschilderungen, den „Sagen des Hase-Thales" oder Adolf Wrasmanns „Sagen der Heimat - Sagenschatz des Regierungsbezirks Osnabrück.[65] Ebensowenig ist in der Osnabrücker Sagenliteratur der ersten Hälfte sowie in vielen Werken der zweiten Hälfte des 20. Jahrhunderts etwas über Dietrich zu lesen.[66]

Anders sieht es in der frühen Heimatliteratur aus. Als erster schrieb der Konrektor D. Meyer 1850 in den Mittheilungen des Historischen Vereins zu Osnabrück über den Osning: „Daß dem südlichen Gebirge unsers Stifts, welches sich durch Paderborn, Lippe, Ravensberg und Teklenburg gegen die Ems hin erstreckt, dieser Name zukommt, ist jetzt unbestritten. Zu den sonst schon beigebrachten Beweisen füge ich hinzu die Wilkina Sage. Dietrich von Bern reitet aus und gelangt an den Fuß des Osnings, wo er übernachtet. Am andern Tage übersteigt er das Gebirge und besteht den Kampf mit dem Riesen Eke, später mit dessen Bruder Fasold im Riemsloher Walde. Riemsloh liegt aber auf der Nordseite unsers Gebirges und im Riemsloher Walde heißt noch jetzt ein Platz die Hünenburg. Der Name

---

[63] KUHN 1859.

[64] DREWES 2010.

[65] CRONE 1883; NIEBERDING 1853; STRODTMANN 1756; SUDENDORF 1850, 1853; WRASMANN 1908.

[66] DIECKMANN 1900; DETTMER 1987, 1990; RICKLING 2013, 2014; SCHIRMEYER 1967.

Rimesloh selbst erinnert an die Reifriesen."[67] Hier war also noch keine Rede von Kämpfen mit einem Elefanten oder Drachen, obwohl der Ortsname Meyer an Reifriesen denken ließ.

Diese Beschreibung beruhte offensichtlich auf einer Kenntnis der Thidrekssage, wie auch H. Hartmann 1889 in einer Arbeit über „Die alten Wallbefestigungen des Regierungsbezirkes Osnabrück," schrieb: „Des Riemsloher Waldes wird schon in der Wilkina-Sage gedacht."[68] Ein Jahr später berichtete er noch deutlicher: „Der Ruf des Riemsloher Waldes... war schon im 13. Jahrhundert nach dem hohen Norden gedrungen, wo ein unbekannter Dichter aus alten deutschen Liedern und Sagen die Wilkina- und Niflunga-Sage zusammenstellte. Er erzählt, wie der unvergleichliche Held Dietrich von Bern auf seinen Fahrten auch an den Fuß des Osning gelangt, wo er übernachtet. Am andern Tage übersteigt er das Gebirge und besteht den Kampf mit dem Riesen Eke, welchen er tödtet. Im Riemsloher Walde trifft er dessen Bruder Fasold, welchen er ebenfalls besiegt. Mit der Hülfe desselben, der sich in seinen Dienst stellt, erlegt er im Riemsloher Walde einen Elefanten und einen gräulichen Drachen."[69] Grundlage des Wissens dürfte die Übersetzung der Thidrekssage von Friedrich Heinrich von der Hagen sein.

F. Schulhof nahm 1908 in den Beiträgen zur Heimatkunde des Regierungsbezirks Osnabrück eine ganz knappe Erwähnung von Didriks Kämpfen mit Ekke, Fasold, Elefant und Riesen auf und verknüpfte dies mit der Hünenburg bei Riemsloh.[70] Ein Bericht über das „Riemsloher Weistum" in der Heimatbeilage der Osnabrücker Volkszeitung wurde 1936 mit einer kurzen Erwähnung Dietrich von Berns in Riemsloh eingeleitet, dieser dabei aber als „Ostgotenkönig Theodorich" gedeutet.[71]

Es zeigt sich somit, dass der Ritt zum Riemslohwald in gebildeten Kreisen durch Kenntnis der Übersetzung der Thidrekssage ins Deutsche durch

---

[67] MEYER 1859: 95.
[68] HARTMANN 1889: 57.
[69] HARTMANN 1890: 25-26.
[70] SCHULHOF 1908: 128.
[71] A. A. 1936.

Friedrich Heinrich von der Hagen bekannt war, nicht aber durch Überlieferung von Sagen der Region.

Erst 1955 wurde die Erzählung von Didriks Ritt in den Osning erstmals in die Sagenliteratur des Osnabrücker Landes aufgenommen. In diesem Jahr erschienen als erstes Heft der Gröneberger Heimathefte die „Sagen des Grönegaus". Darin befindet sich eine freie Nacherzählung des Ritts Didriks zum Riemslohwald. Berichtet werden die Kämpfe mit Ecke und Fasold, dem Elefanten und dem Flugdrachen sowie die Befreiung Sistrams. Verwendet wurden die beiden Ortsbezeichnungen „Rimslohwald" und „Aldinflis".[72] Dieses Heft fand eine starke Verbreitung, so dass die Geschichte bald zum Allgemeinwissen unter den heimatkundlich interessierten Menschen im Osnabrücker Land wurde. 1968 nahm W. Fredemann dann die Geschichte auch in seinen Bericht über die Samtgemeinde Riemsloh-Hoyel auf und gab eine sehr kurze freie Nacherzählung unter Verwendung der Elemente Thidrek, Ecke, Fasold, Elefant und Drachen.[73] Einen neuen Schub brachte 2023 der Sonderband des Meller Jahrbuchs, wo die gesamte Geschichte Didriks im Riemslohwald auf dreizehn Seiten nacherzählt wird.[74] In keiner dieser Veröffentlichungen gehen die Angaben über die der Thidrekssaga hinaus; im Gegenteil handelt es sich um verkürzte Nacherzählungen derselben.

Zusammenfassend kann daher davon ausgegangen werden, dass es lokale oder regionale Sagen im Osnabrücker Land bzw. in Riemsloh über den Ritt Didriks in den Riemslohwald nicht gab. Erst mit der Nacherzählung in den „Sagen des Grönegaus" 1955 erhielt diese Geschichte Eingang in die dortige Sagenliteratur und in das Bewusstsein der Menschen in der Region.

Wie sieht es nun mit den anderen Drachenmotiven in Melle-Riemsloh aus? In der St. Anna-Kirche in dem Riemsloh benachbarten Schiplage-St. Annen findet sich in der Deckenbemalung ein menschenfressendes Ungeheuer, das als Drache identifiziert werden könnte. Zwar ist die Kirche erst 1509 anstelle einer vorher hier befindlichen Kluse aus dem Jahr 1323 errichtet worden,[75] doch könnte die Abbildung eine Erinnerung an damals noch bekannte

---

[72] HEILMANN et al. 1955: 3-6.
[73] FREDEMANN 1968: 235.
[74] KRAMER & KLINK 2023: 17-29.
[75] FLOHRE 2009: 11.

Drachensagen darstellen. Die Deckenbemalung wird einem unbekannten Maler aus der Zeit 1510/20 zugeschrieben und gilt als Besonderheit in Niedersachsen.[76] Sie wurde erst 1912 bei einer Deckensanierung wiedergefunden.[77]

Vergleicht man diese Deckenbemalung jedoch mit anderen Kirchen dieser Zeit, z. B. der St- Johannes-Kirche in Bad Zwischenahn, so scheint es ein typisches Sujet des Malers zu sein, der es unabhängig von Traditionen in mehreren Werken in ähnlicher Art verwendete. Es geht hier wohl eher um ein seelenverschlingendes Höllenwesen als um einen Drachen. An der wesentlich älteren St. Johannkirche in Riemsloh (um 1090, jedoch mit Vorgängerbau) finden sich heute keinerlei Drachendarstellungen.[78] Somit geht die Drachendarstellung nicht auf Überlieferungen aus der Thidrekssaga zurück, sondern der Drachenschlund führt die gefehlten Seelen in die Hölle hinab und entspricht somit dem zeitgenössischen Denken des frühen 16. Jahrhunderts.

Das Drachenmotiv in der St. Anna-Kirche in Melle-Schiplage (links) und in der St. Johannes-Kirche in Bad Zwischenahn (rechts).

---

[76] FLOHRE 2009: 33.
[77] SCHARF o. J.
[78] Zur St. Johann-Kirche siehe ARBEITSGRUPPE CHRONIK DER PFARRGEMEINDE ST. JOHANN - RIEMSLOH 1990.

Ebenso wenig steht das in Melle seit 1993 veranstaltete Drachenfest in Verbindung mit alten Sagen. Die Idee ging von Freunden des Drachenfliegens in Osnabrück aus, die in Nachahmung von Drachenfesten in Paderborn eigentlich ein solches auf dem Flugplatz Atterheide bei Osnabrück bzw. in Bramsche-Achmer planten, dort aber dann keine Zulassung erhielten. So wichen sie auf den kleinen Flugplatz an der Else zwischen Melle und Riemsloh aus.[79]

In Melle wird seit einigen Jahren das Stadtfest „Fabelhaftes Melle" veranstaltet, bei dem verkleidete Personen und Darstellungen geschichtlicher Personen sowie verschiedenster Fabel- und Märchenwesen durch die Innenstadt ziehen. Dabei tauchten auch schon Drachendarstellungen auf. Dieses Fest gibt es jedoch erst seit 2003 und hat keine traditionellen Vorläufer. Insoweit werden Drachen hier eher als typisches Märchen- und Sagenmotiv integriert. Eine Erinnerung an lokale Sagen stellen sie nicht dar. Gleiches gilt für Drachenmotive im ehemaligen Meller Märchenwald.[80]

Zusammenfassend muss man zum Ergebnis kommen, dass es in Riemsloh bzw. im Osnabrücker Land keine lokalen Sagen und auch keine sonstigen überlieferten Hinweise über Didriks Ritt zum Osning gibt. Die Sage fand erst Mitte des 20. Jahrhunderts durch Nacherzählung von Teilen der Thidrekssaga Eingang in die lokalen Erzählungen. Insoweit liefert die Sagenliteratur keine neuen Elemente und braucht zur Erforschung der Thidrekssaga nicht weiter herangezogen werden. Wir müssen uns zur weiteren Erkenntnisgewinnung also andere Ansätze wählen.

---

[79] KREIENBRINK 2023: 197-198.
[80] Der Märchenwald soll in Zukunft wiederbelebt werden, siehe DETTMANN 2023: 16.

4. Geographischer Ansatz

Versuchen wir daher einen geographischen Ansatz. Denn die Thidrekssage imponiert u. a. durch eine besondere Kenntnis geographischer und topographischer Besonderheiten im nordwestlichen Deutschland. Einige Namen haben sich zwar im Laufe der Zeit verändert, andere wurden in südliche Formen transferiert, doch das Gesamtbild bleibt erhalten und zeigt ein geschlossenes Bild. Wir müssen jedoch beachten, dass sich im Laufe der letzten anderthalb Jahrtausende der Bedeutungszusammenhang überlieferter Namen gleichwohl geändert haben kann. Ein Wald- oder Ortsname kann gewandert sein und heute für ganz andere Stellen angewendet werden als damals. Zur näheren lokalen Zuordnung der Erlebnisse Didriks im Riemslohwald sowie der Burgen Drekanflis und Aldinflis sollen im Folgen die Namen und die geographische Lage der nordwestdeutschen Wälder bzw. Gebirge im Umfeld der Geschehnisse des 5. Jahrhunderts näher analysiert werden. Was bedeuten Osning, Süntel und Riemslohwald und wo sind diese im 5. Jahrhundert zu verorten? Nähern wir uns der Sage also aus geographischer Sicht.

Der Name Osning ist auf jeden Fall sehr alt. Die Thidrekssage verwendet die Formen „Ossyen" (Svava), „Osning" (Mb), „Efuing" (A) sowie „Ossnem" und „Esnlng" (B). In der Vita Karoli Magni (um 833) schreibt Einhard „montem qui Osneggi dicitur".[81] Aus dem Jahre 1321 liegt der Name „Ossigne" vor.[82] Jacob Grimm nannte „Osneggi", „Osnigi", „Asnig", „Osningi" und „Osnengi".[83] Konrektor D. Meyer schrieb 1850 in den Mitthilungen des Historischen Vereins zu Osnabrück: „In den Urkunden des 15. Jahrh. heißt das Gebirge Osling, Oesling, auch Oeselen."[84] Ebenso kommt Osnegge vor.[85] Was bedeutet nun dieser Name?[86]

---

[81] EINHARD 1977: 22.
[82] Urkunde vom 25.07.1321; ENGEL 1985: 824.
[83] GRIMM 1835: 82; MEYER 1850.
[84] MEYER 1850: 95.
[85] JACOBI 1832: 218, 386.
[86] Der Name Osning kommt nur einmal vor. Allerdings schreibt MEYER (1850):
„Auch in Ripuarien am Niederrhein lag ein Osning, ja der ganze, durch die

Etymologischen Erklärungen muss man immer sehr skeptisch gegenüberstehen. Manche Autoren reihen nur Vermutungen aneinander, andere sind von skurrilen Ableitungen durchdrungen.[87] Weitere halten sich strikt an „Gesetze" des Lautwandels und verleugnen dabei, wie vielgestaltig Sprachentwicklung stattfindet. Insoweit begibt man sich bei der Namensdeutung leicht auf sehr unsicheres Eis. Deutungen von Ortsnamen können daher immer nur Vorschläge von Möglichkeiten sein; Gewissheiten gibt es nicht, auch wenn manche Autoren solch einem Größenwahn unterliegen.

Unzweifelhaft besteht Osning aus zwei Wortteilen. Schauen wir zuerst auf die Endung, die in den Formen „ig", „ing", „yen", „em", „egge", „eggi", „igne", „ingi", „engi" und „elen" auftritt. Diese scheint der heute in vielfacher Form auftretenden Form „-egge" zu entsprechen. Im Teutoburger Wald sind Bergnamen mit „Egge" besonders im Mittelteil sehr häufig („Margarethenegge", „Natbergener Egge", „Borgloher Egge" und „Timmer Egge", „Schollegge", „Steinegge", „Ascher Egge" und „Johannis Egge" bei Dissen, „Große Egge", „Eggeberg", „Haller Egge", „Werther Egge", „Dornberger Egge" im Bereich von Halle (Westf.), „Mordegge", „Sparenberger Egge" „Stieghorster Egge" und „Riewer Egge" sowie die „Hörster Egge" bei Lage). Auch die alte Bezeichnung der Externsteine mit ihrer astronomischen Warte als „Eggesternsteine" passt hierhin. Vom Velmerstot an bis Warburg heißt dann der ganze Gebirgskamm Eggegebirge. Straßen und Wegnamen mit „Egge" gibt es entlang von

---

Herzogthümer Lützelburg, Limburg und Jülich sich hinstreckende Gebirgszug der Arduenna hieß Osning, wie umgekehrt des westliche Osning auch wieder Ardennen genannt wird." 2008 erschien ein Artikel mit der Ansicht mit Osning in der Thidrekssage sei nicht der Teutoburger Wald gemeint, sondern es gehe um ein „Osnike Gewälde" bei Bielstein im Sauerland, wo eine „Naturstraße" sei, von der südlich der Drachenfels liege mit einer möglichen Gerichtsstätte Odenspiel und einer Wüstung Aldinveld. Dazu käme bei Brilon ein Ort „Osningen" oder „Oestingen" (BÖSEKE 2008). Derartige Hinweise sind interessant, basieren aber auf reinen Vermutungen ohne irgendwelche nähere Untersuchung der Orte und ihrer frühesten Namensüberlieferung.

[87] So z. B. BAHLOW (1985), der fast jeden Ortsnamen auf Gewässer zurückführen will.

Teutoburger Wald und Eggegebirge in großer Zahl und auf nahezu der gesamten Länge (Ibbenbüren bis Warburg).[88]

Aber auch im Wiehengebirge werden einzelne Höhenzüge mit „Egge" bezeichnet, wie „Larberger Egge" und „Penter Egge" bei Westerkappeln, „Icker Egge", „Evinghauser Egge", „Venner Egge" und „Schlepptruper Egge" im Bereich Wallenhorst, die „Eickener Egge" bei Melle, „Eggetal", „Eggendorf", „Egge", die „Lübbecker Egge" und die „Lutternsche Egge" bei Bad Oyenhausen. Auch dort sind Straßen und Wegnamen mit „Egge" nicht selten.[89] Eggenamen tauchen aber auch außerhalb dieser Gebirge in Westfalen und dem angrenzenden Niedersachsen vereinzelt auf, wie u. a. die Saalegge bei Vlotho. Düsterloh hat die Eggenamen dankenswerterweise in eine Karte überführt.[90]

Nach Dittmaier geht „Egge" auf ein germanisches Grundwort *ahwjo bzw. *ahwo zurück, das „Flussland, Insel, Wasser Fluss" bedeutet (vgl. „Aue").[91] Düsterloh kartierte daraufhin die Eggenamen in Westfalen und fand keinen einzigen in einem „Bach- oder Flussauengebiet".[92] Bezüge zu Gewässern bestehen somit nicht, mit Ausnahme von zwei Eggebächen, die aber jeweils aus einer Egge entwässern. Dafür ergab sich eine „hochgradige Korrelation zwischen -egge-Namen und Hanglagen, insbesondere zu langgestreckten Bergzügen.[93] Er schrieb: „Für die weit überwiegende Zahl unserer -egge-Namen müssen wir also weiterhin die sprachliche Herleitung aus mnd. -egge, anord. -egg mit der Bedeutung Berg, Höhenrücken annehmen."[94]

---

[88] Ibbenbüren, Georgsmarienhütte, Bad Rothenfelde, Werther, Halle (Westf.), Steinhagen, Bielefeld, Leopoldshöhe, Oerlinghausen, Lage, Detmold, Horn-Bad Meinberg, Altenbeken, Schlangen, Paderborn, Bad Driburg, Lichtenau, Steinheim, Willebadessen, Warburg.

[89] Bad Essen, Hille, Kirchlengern, Löhne, Bad Oeynhausen, Minden, Porta Westfalica

[90] DÜSTERLOH 1963.

[91] DITTMAIER 1963: 10.

[92] DÜSTERLOH 1963: 114.

[93] DÜSTERLOH 1963: 109.

[94] DÜSTERLOH 1963: 101, 115. Eine Ausführliche Liste mit Ortsbezeichnungen Egge im Teutoburger Wald, Wiehengebirge, Süntel, Deister, Herforder und

Dem ist unzweifelhaft zuzustimmen. Die Bezeichnung geht wohl auf das indogermanische *aḱ- bzw. *oḱ- mit der Bedeutung scharf, spitz, kantig, zurück (germ. *agi-, *agiz, *agjō, altsächsisch eggia*, mhd. Ecke, egede). Es handelt sich jeweils um langgestreckte schmale Hügelkämme und Bergrücken, die zumindest nach einer Längsseite mehr oder weniger steil abfallen. Folgt man einem schmalen Pfad über die Höhe einer Egge, so sieht man dies oft sehr eindrucksvoll. Ludwig Maasjost nannte das Eggegebirge dementsprechend einen „Wall durch das östliche Westfalen" bzw. einen „Dachfirst oder das Rückgrat" der Landschaft.[95] Und so ist es in abgeschwächter Form auch bei den übrigen Eggen.

Überträgt man dieses Charakteristikum auf den gesamten Osning, so stellt er eindrucksvoll eine Egge in größerem Maßstab dar. Mit seiner Länge von 170 Kilometern und einer Breite von meist nur um die 5 Kilometer besteht er aus meist drei parallelen Bergketten (Muschelkalk, Osningsandstein, Oberkreidekalke). Sowohl diese einzeln als auch einzelne Bergzüge als auch der gesamte Verlauf ist mit der Bezeichnung Egge perfekt beschrieben.[96] Der Osning ist somit ein langes schmales Gebirge, das zu den Längsseiten, also dem Münsterland auf der einen und dem Osnabrücker-Ravensberger-Lipper-Steinheimer Bergland auf der anderen Seite steile Hänge aufweist.

Nun heißt der gesamte Gebirgszug nicht einfach nur Egge, sondern ist um das einleitende „Os-" bzw. „Osn-" erweitert. Wir finden den ersten Namenteil als „Os", „Oss", „Es", „Ess", „As", „Ef", wobei „Os" am allerhäufigsten auftritt. Und dies trifft auch auf die Stadt Osnabrück zu. Was hat es nun aber mit der Anfangssilbe auf sich, die den Osning von den vielen anderen Eggen unterscheidet? Hierzu sind eine Reihe von Deutungsvorschlägen gemacht worden.

Die Vorsilbe „Os-" wurde von verschiedenen Autoren als „Göttliche Osen" bzw. „Asen" gedeutet, so dass Osnabrück „Brücke der Asen" bedeute und wir es beim Osning somit mit einem heiligen „Gebirge der Asen" zu tun

---

Lipper Bergland findet sich bei DÜSTERLOH 1963: 111-114. ABELS (1927: 26) bezeichnete die Egge als „lange, oben schmale Erhöhung".

[95] MAASJOST 1952: 3, 17.

[96] SPANNHOFF (2015: 165) wies darauf hin, dass „Egge" uns „Haar" ein ähnliches Bedeutungsspektrum besitzen.

hätten.[97] Mit dem Namen Os wurde im niederdeutschen die o-Rune bezeichnet (vgl. ahd. *ōs) bzw. germanisch Gott oder Ase (germ. *ansu-, *ansuz, idg. *ansu-).[98] Hierzu wurden die Namen Asberg an der Noller Schlucht und bei Melle-Dratum hinzugezogen.[99] Kurz wies auf das häufige Vorkommen von „Ase" in lippischen Ortsnamen hin (Asemissen, Asendorf, Asenberg, Osenberg), ohne allerdings die ältesten überlieferten Namensformen zu ermitteln.[100] „Sicher bezeugt die göttlichen Osen der westfälische Bergwald Osning (Osnengi)", schrieb noch Grimm[101], doch belegt ist tatsächlich gar nichts in diese Richtung. Eine weitere mythologische Deutung ist die Anlehnung an den Begriff Ostern bzw. eine germanische Frühlingsgötting (*ôstar, ahd. ōstara*, germ. *austrō-, *austrōn, idg. *aу̯es-, mit der Bedeutung leuchten).[102] Haben wir es also mit einem leuchtenden Gebirge oder eine besonders mit dem Frühlingsfest verbundene Region zu tun? Beweise dazu gibt es ebenso wenig.

Nach Sturmfels-Bischoff kommt Osning vom mittelhochdeutschen „atzen" und meine „Weideplatz auf einem langgestreckten Bergrücken" bzw. „waldleeres Gebirge".[103] Nun wird, wie überall, im Osning auch Vieh geweidet haben, doch als eigentliche Weideplätze für die Höfe auf der Nordostseite des Gebirges wurde immer das Vorland zum Münsterland hin genommen, wo das offene Gebiet der Senne dafür bestens geeignet war. Denn der Osning hat nie eine wirkliche Grenze zum Münsterland gebildet. Insoweit sind auch alle Konstruktionen, ihn zu einer Grenze des Hunalandes zu machen, irrig. Tatsächlich haben wir es hier mit einer typischen Ökotopengrenzlage zu tun, die für landwirtschaftliche Ansiedlungen immer sehr geeignet waren. Die meisten Höfe lagen auf der Nordostseite des Osning auf den für den Ackerbau besonders günstigen Lößböden. Die

---

[97] GRIMM 1835: 82, 1853: 456.

[98] Vgl. KOBLER 2014.

[99] BRANDSTÄTER (1909: 164) hielt Asberge für die Orte, wo die Quellen der Gewässer liegen würden, was angesichts des Quellreichtums des Osnings an allen möglichen Bergnamen abwegig ist.

[100] KURZ 1890: 4.

[101] GRIMM 1853: 457.

[102] Zum Begriff Ostern und seiner Bedeutung wurde immer wieder ziemlicher Unsinn zusammenfantasiert, siehe zuletzt UDOLPH 2011.

[103] FANGMEYER 1981: 20; SPANNHOFF 2011.

Gebiete südwestlich des Osning waren die Weidegebiete für das Vieh dieser landwirtschaftlichen Siedlungen auf der Nordseite. Dies galt noch bis in die Neuzeit und wird etwa daran noch deutlich, dass die heutige Gemeinde Steinhagen auf der Südwestseite früher zu Dornberg auf der Nordostseite des Gebirges gehörte. Man sieht das auch noch daran, dass Weidegebiete in der Senne nach Höfen an der Nordseite des Osning benannt wurden (z. B. Stapelager Senne, Wistinghauser Senne). Tatsächlich war der Osning bis in die Neuzeit bewaldet. Erst Ende des 18. Jahrhunderts setze dann durch Übernutzung eine Entwaldung auf den Bergrücken ein. Insgesamt gesehen passt also eine Namensableitung von Weidenutzungen nicht. Für eine Entstehung aus dem indogermanischen *akṣā (Drehpunkt, Achse)[104] liegen ebenso keine Beweise oder nähere Hinweise vor, wie für einen Hinweis auf das Vorkommen von Eisenerz.[105] Eine Ableitung vom altnordischen „ass", was „sowohl Bergrücken als auch Dachfirst bedeuten"[106] könnte, kann ausgeschlossen werden, da wir es sonst mit einer Tautologie zu tun hätten.

Nun finden wir die Bezeichnung Os- nicht nur im Osning, sondern auch in einer seiner bedeutendsten Städte, Osnabrück. Daher sehen manche Autoren den Ursprung im Fluss Hase.[107] Die Hase habe ihre alte Bezeichnung „Osna" sowohl dem Namen Osning als auch der Stadt Osnabrück übertragen.[108] Für Osnabrück vermutete Fürstenberg einen früheren Namen „Osninebruchteria".[109] Doch die früheste Erwähnung Osnabrücks findet sich in einer Urkunde Kaiser Karls des Großen als „locus Osnebrugki". Überliefert ist außerdem 1019 Asnabrug, 1025 Asnabrügge, 1072 Osinabrugg, 1080 Osenburg, 1084 Osinabrugge, 1096 Osnabrug, 1107 Osenbrugge, 1165

---

[104] Vgl. KOBLER 2014.

[105] SPANNHOFF 2011.

[106] SPANNHOFF 2011.

[107] FEIGE 2001: 33; SPANNHOFF 2011.

[108] Nach STURMFELS & BISCHOF (1961) geht der Name Osnabrück auf ein althochdeutsches asa, assa, hasa, hasse zurück und meine ganz einfach „Brücke an der Hase". Hase leiten sie von as ab, das „eilendes Wasser" bedeute. Nach BRANDSTÄTER (1909: 164) bedeutet „As" Fließgewässer, damit hätten Hase und Osnabrück den gleichen Ursprung. Andere meinten, Osnabrück bedeute „Brücke für die Ochsen".

[109] FÜRSTENBERG 1672: 41, 1844: 230.

Osenburg.[110] Später tauchen die Bezeichnungen „Osnegrugge", „Ossenbrügge" und Osnebrügge" auf. Johann Friderici nahm 1816 an, dass mit Osnabrück ursprünglich die Gegend, später erst danach die Stadt benannt worden sei.[111]

Einer Ableitung des Namens Osning von der Hase widerspricht jedoch, dass das Flüsschen bereits 763 urkundlich „Hassa" genannt wird[112]; dies meine graubraun, was zur Farbe des Wassers passen soll. Hierzu wird ein Vergleich zum Hasen gezogen, der auch auf ein Wort mit der Bedeutung „grau", „lichtgrau", „graubraun" „glänzend" zurückgehe (germ. *haza; ahd. has, haso, hasan; mnd. has, hase; afries. hasa, hase; ndl. haas, hoas, hoaze).[113] Abels schriebt: „In hâs haben wir eine uralte gemeingermanische Bezeichnung für dunkel; somit ist Hasa, Hase, das dunkelfarbige Wasser."[114] Zu bedenken ist auch, dass bereits Tacitus vom Stamm der Chasuarier schreibt, also den „Anwohnern der Hase".[115]

Viel wahrscheinlicher erscheint eine Ableitung des Namens Osning von germ. *austa, *austra, ahd. ōstar*, ahd. *ōst, *ōstan, idg. *austere, mit der Bedeutung Osten. Ist der Osning also einfach die "Egge im Osten"? Kommt man aus der flachen münsterländischen bzw. niederländischen Ebene, so ist der Osning die erste größere Erhebung überhaupt. Insoweit wäre ein Name "Ostegge" profan, doch verständlich. Osning war auch nie eine lokale Bezeichnung, sondern galt immer für die ganze Länge des Gebirges. Einige Örtlichkeiten deuten darauf hin, wie die Ochsenheide (Osningheide). Die Dörenschlucht wurde früher auch „Ossen-Thal" genannt[116] und die Externsteine sollen früher auch Osningsteine geheißen

---

[110] FANMEYER 1981: 19.

[111] FRIDERICI 1816: 12.

[112] GREULE 2014: 210.

[113] PHILIPPA et al. 2003-2009; POKORNY 1959; VEEN & SIJS 1997; VERCOULIE 1925; VRIES 1971; WIJK 1936; BAADER 1948: 108. Vertreten wird auch die Meinung, dass has „dunkelfarbiges, mooriges Wasser" bedeute und für solches Wasser verwendet worden sei, „das aus dem Moorland kommt" (FANGMEYER 1981: 19).

[114] ABELS 1927: 85.

[115] TACITUS 1964: 34,1; siehe auch ABELS 1927: 84.

[116] FÜRSTENBERG 1672: 41, 1844: 230.

haben. „Ostgebirge" würde auch zur Deutung des Wiehengebirges als Südgebirge (gesehen vom niedersächsischen Flachland) passen (siehe unten bei Süntel).

Welche Ausdehnung hatte nun dieses Ostgebirge in frühgeschichtlicher Zeit? Nach der Abschrift einer Urkunde vom 19. Dezember 804 schenkte Karl der Große dem Osnabrücker Bischof Wiho den „Forstbann im Osning" und in der Senne, wobei dasselbe Forstrecht gelten soll, wie im „königlichen Wald Osning bei Aachen".[117] Außerdem wird die Schlacht Karls des Großen gegen die Sachsen im Osning angegeben mit „in loco Theotmelli", also Detmold.[118] Mit Urkunde vom 15. Juli 965 übertrug Kaiser Otto I dem Osnabrücker Bischof Drogo ein Gebiet, das u. a. im Westen von Osning und Senne begrenzt wurde.[119] Am 1. Januar 1001 bestätigte Kaiser Otto III den Forstbann für das Bistum Paderborn hinsichtlich eines Gebietes, das vom Fluss Dalbke durch den Osning und die Senne bis an den Weg nach Neuenheerse reiche.[120] In zwei Urkunden König Heinrichs II (15. 09.1002, 02.04.1003) wird für das Bistum Paderborn der Forstbann in einem Gebiet bestätigt, dass sich von der Lutter (bei Brackwede) durch den Osning und die Senne nach Marsberg erstreckt.[121] 1148 schenkte die Äbtissin von Neuenheerse dem Kloster Gehrden zwölf im Osning gelegene Höfe[122] und 1153 wird das wüstgewordene Gut Kyveninchusen als im Osning gelegen bezeichnet. Dabei dürfte es sich um den Hof Kivelinchusen bei Scherfede gehandelt haben.[123] In einer Urkunde vom 1. Mai 1226 wird von zwei an die Burg Ravensberg angrenzenden Freigrafschaften gesprochen, von denen

---

[117] ENGEL 1985: 93.

[118] EINHARD 1977: 22.

[119] ENGEL 1985: 107.

[120] ENGEL 1985: 117. Hierbei wird der Osning als „Ardennam" bezeichnet. Ein Osning bei Aachen wurde von KASPERS (1957) mit dem Ardenner Wald gleichgesetzt; siehe auch ENGEL 1985: 93. Hier muss also schon im Mittelalter irgendeine Verwechslung von Osning und Ardennen geschehen sein.

[121] ENGEL 1985: 118.

[122] ENGEL (1985: 184) vermutet, dass es sich um die Orte Heddinghausen sö von Lippstadt und Wiggeringhausen no von Soest handelt, was kaum zutreffen kann.

[123] ENGEL 1985: 190-191.

die eine nördlich und die andere südlich des Osning liege.[124] Wir haben es also zusammenfassend mit dem Gebirge zwischen dem Osnabrücker Land im Nordwesten und Scherfede im Süden zu tun. Aus den Angaben wird deutlich, dass das Gebiet zwischen dem heutigen Teutoburger Wald und dem Wiehengebirge nicht zum Osning gerechnet wurde. Osning bezeichnete also all das, was wir heute als Teutoburger Wald und Eggegebirge auf den Karten finden.[125]

In der Thidrekssage wird nun auch ein Borgarwald genannt. Und der Name Osning wird noch dadurch interessant, alsdass das Gebirge heute offiziell den Namen Teutoburger Wald trägt. Gibt es also Übereinstimmungen von Osning, Teutoburger Wald und Borgarwald?

Der Name Teutoburger Wald war „im 17. Jahrhundert noch gänzlich unbekannt".[126] Im Jahre 1505 wurden dann in der Bibliothek des Klosters Corvey die „Annalen" des Tacitus gefunden. Sehr schnell begann man nach dem Ort der darin geschilderten Varusschlacht zu suchen. 1539 brachte Johannes Kruyshaar diesbezüglich die obere Ems ins Spiel.[127] Philipp Melanchthon wies 1559 brieflich Graf Bernhard von Lippe darauf hin, dass die Römerschlacht in dessen Land stattgefunden habe.[128] Als Grundlage nahm man die Aussage in den Annalen, dass Germanicus im Jahre 15 sein Heer „bis zu der äußersten Grenze der Bructerer" geführt und „das ganze Gebiet zwischen den Flüssen Amisia und Lupia, nicht weit entfernt von dem Teutoburger Wald" verwüstet habe.[129] Nimmt man als äußerste Grenze die Ostgrenze des Siedlungsgebietes der Brukterer, so war das eine nachvollziehbare Schlussfolgerung.

Der Geograph und Historiker Philipp Clüver (1580-1622) beschrieb dann 1616 in seiner „Germaniae antiquae libri tres" die germanischen Stämme.

---

[124] ENGEL 1985: 322.

[125] Dies zeigt sich auch heute in Straßenbezeichnungen mit „Osning" überall zwischen Ibbenbüren und Nieheim (Ibbenbüren, Lengerich, Bad Iburg, Osnabrück, Melle, Dissen, Borgholzhausen, Werther, Halle (Westf.), Bielefeld, Nieheim).

[126] KURTZ 1890: 19.

[127] CINCINNIUS 1539.

[128] BOURSEAU 1996: 41.

[129] TACITUS 1964: 61.

Bei der Beschreibung der Cherusker nannte er einige Ortsnamen, die er mit dem „Teutoburgiensis saltus" des Tacitus in Verbindung brachte, u. a. den Hof „Teutenmeyer" in der Nähe der Falkenburg bei Berlebeck sowie „Theuth", „Dietmelle", „Theutomellum", „Theotmalli", „Thiatmelle" und „Theotmelli" als alte Namen Detmolds. Clüver bezog sich also auf die Umgebung des „Teut" genannten Berges bei Detmold, auf dem sich heute das Hermannsdenkmal befindet. Immerhin trug der Tötehof am Fuße der Grotenburg vor der Mitte des 14. Jahrhunderts den Namen „Teut".[130] Detmold sei das alte „Teutoburgium", sodass es sich bei den umliegenden Wäldern um den „Teutoburgiensis saltus" handeln müsse.[131] Er stütze sich dabei auf Beschreibungen Herrmann Hamelmanns über den Fund römischer Relikte im Lippischen Wald.[132] Albert Forbiger ging noch 1848 davon aus, dass das Gebirge nach einer Stadt Teutoburgium benannt worden sei.[133] Doch ein altes „Teutoburgium" hat es nie gegeben, sondern man deutete damals den Ortsnamen „Tulisurgum" aus der „Geographia" des Claudius Ptolemäus einfach als Schreibfehler[134] und hatte damit den bedeutenden römischen Geographen in die eigene Vorstellungswelt integriert.

Johannes Piderit übernahm die Deutung 1627 in seiner „Chronicon Comitatus Lippiae": „Der Teuteburger Waldt ist der vornembste, welcher Westphalen und Graffschafft Lipp zertheilet, und itziger Zeit der Lippische Dithwaldische und Hörnsche Waldt genant wird, hat den Namen von Teutone und alten ersten Teutschen, so daran gewohnet, wie noch Anzeigung seyn, an den Namen der Stadt und Vest Dethmaldt, wird recht genant Teutmal... So sind auch die Teuterhöffe und Teutmeyer: Item die grosse Burgk am Lippischen Waldt, da die alten Teutschen ihre Burgk unnd Wohnung hatten, davon der Waldt ward genandt Teutenburg, da ist nicht weit von der Lippesprung und Fontein, die Emse hat ihren Anfang am Stapel oder Stapelagerberg, davon Tacitus."[135] „Es werden och zu dieser Zeit, wie dann auch zuvorn, Römische Monetae, güldene und silberne Müntz,

---

[130] GOLDSCHMIDT 1925: 18.

[131] CLÜVER 1616, 1631: 580.

[132] HAMELMANN 1582: 392.

[133] FORBIGER 1848: 322. Ähnlich sahen es andere Forscher: WILHELM 1823: 46-47; ZEUß 1837: 7; HOLZ 1894: 62- 63; MUCH 1918/19: 314.

[134] KLEINEBERG et al. 2010: 47-48.

[135] PIDERIT 1627: 164.

allerhandt Rüstung, Gewehr und zubrochen Zeug, so von Menschen und Pferden gebraucht, gefunden, wird mit dem Pflug herfür gebracht".[136]

Für Ferdinand von Fürstenberg war es eindeutig: „Es war also Osnegge, Osnig, Osning, Osnine, Osing der Name desselben Waldes, den Tacitus den Teutoburgischen genannt hat."[137] Er sah damit die Lage des alten „Teutoburgiensis saltus" als herausgefunden an und beschrieb den Teutoburger Wald als „zwischen der Sende-Wüste und den Städten Horn und Detmold, wo der Berg „Teuteberg" heutzutage noch den alten Namen führt".[138] Für das Jahr 783 zitiert er aus den fränkischen Annalen. Karl der Große sei „mit wenigen Franken beim Theutwalde (Theotwaldi)" angekommen, wo es zur Schlacht kam.[139] Er erwähnt ebenfalls „Theutomelle" als Detmold[140] und beschrieb den „Teutoburger Wald" als sich „durch das Gebiet von Lippe, Ravensberg, Osnabrück, Münster und Oldenburg" erstreckend und bezeichnet damit als erster den ganzen heute Teutoburger Wald genannten Gebirgszug als Teutoburger Wald.[141] Es ging somit nicht mehr um einen kleinen Teil des Lippischen Waldes, sondern er taufte den Osning in fast ganzer Länge um. Lediglich dem südlich des Velmerstot gelegenen Höhenzug beließ er den Namen „Egge" bzw. „Eggegebirge", ohne dass für eine Abgrenzung südlich dieses Berges irgendeine topographische Besonderheit zugrunde lag. Ursächlich für die Umbenennung, war der Wunsch, „jenem Stück Erde, auf dem unsere germanischen Vorfahren die große Schlacht gegen die Römer geschlagen hatten, den Namen zu geben, unter dem es durch die Annalen des Tacitus in die Weltgeschichte eingegangen ist: Teutoburgiensis saltus".[142]

1764 hatte Grupen noch geschrieben: „Von solchen Benennungen der Kämpe und Oerter und andern Strichen Landes, die die" bestimmte Namen führen „...locum cladis Varianae zu bestimmen, in solcher heutigen Aussprache die Sprache der Cheruscer zu concipiren, ist eine vergebliche

---

[136] PIDERIT 1627: 165.
[137] FÜRSTENBERG 1672: 41, 1844: 230.
[138] FÜRSTENBERG 1669, 1672: 35, 1844: 221.
[139] FÜRSTENBERG 1844: 231. Bei EINHARD (1977: 22) heißt es „Theotmalli".
[140] FÜRSTENBERG 1672: 36, 1844: 222.
[141] FÜRSTENBERG 1672: 37, 1844: 222.
[142] MOTZ 1953: 63.

Vorstellung".[143] Doch in der Folgezeit wurden seitens der lippischen Intelligenz immer mehr Aspekte hervorgebracht, die die Benennung rechtfertigen und die Örtlichkeit der Varusschlacht beweisen sollten. In Horn fand man 1868 beim Kanalbau große Mengen an Hufeisen, die als römisch eingestuft wurden sowie andere Eisenteile wie Radnägel, Knochen, Pferde und Eberzähne, außerdem eine römische Goldmünze (gens Pompeia).[144] An der Grotenburg entdeckte man die Spitze eines römischen Pilums.[145] Und Hermann Hamelmann hatte ja bereits 1582 berichtet, dass man auf dem Winfeld (Winnefeld, Wintfeld) südwestlich von Berlebeck menschliche Knochen sowie Eisenteile von Waffen (Schwerter, Lanzen, Dolche) sowie silberne und goldene römische Münzen (Cäsar, Augustus, Agrippa) gefunden habe.[146] Insoweit lag es nahe, hier die Örtlichkeit einer Schlacht zu sehen. Besonders stützte man sich auf den Teut mit der Grotenburg. Hermann Kurz behauptete, dass der Name „Teut" nur im Lippischen als Bergname häufiger vorkomme (Herford, Schildesche, Schlangen, Detmold, Berlebeck, Lemgo, Varenholz, Hameln, Luerdissen, Alverdissen etc.).[147] Ein Hof an der Nordseite der Grotenburg hieß 1380 „Nolte in dem Toyte"; er wurde auch in den Jahren danach so genannt (1409, 1411, 1474, 1509).[148] Später änderte sich die Schreibweise in „Tödhermann" 1563, „Teutenmeyger" 1568 und 1627 und schließlich 1627 „Teutemeyer" und später noch „Tötehof".[149] Abgeleitet wurde der Hofname immer vom Berg, den „Toyt" bzw. „Teut". Schließlich errichtete man hier das Hermannsdenkmal.

Die Umbenennung wurde schon früh kritisiert, etwa 1764 von C. V. Grupen: „Die Benennung des Tractus, welcher jetzo der Teuteberger Wald seyn und heißen soll, ist neu von den Gelehrten aus eigener Erfindung imponieret, und wird so wenig unter Carolo Magno als sonst in Diplomatibus gehöret."[150]

---

[143] GRUPEN 1764: 147.
[144] SCHIERENBERG 1888: 125, 180-183.
[145] MOTZ 1953: 65.
[146] HAMELMANN 1582: 392, 1711: 392.
[147] KURZ 1890: 3-4, 8-9.
[148] KURZ 1890: 12.
[149] KURZ 1890: 12.
[150] GRUPEN 1764: 146.

Tatsächliche heiße er seit der Zeit Karls des Großen „Osneggi".[151] Doch setzte sich der neue Name immer mehr durch. Zwar sprachen einige Autoren noch vom Teutoburger Wald insgesamt und diesem „im engeren Sinne", womit sie u. a. den Bereich zwischen Oerlinghausen und dem Velmerstot hervorheben wollen.[152] Doch ist für das Gebirge heute der Name Teutoburger Wald stärker verbreitet als der Name Osning. [153]

Nun haben wir heute wieder einen Teutoburger Wald, wissen aber nicht, ob er mit dem Saltus teutoburgiensis der Römer identisch ist. Was wissen wir überhaupt über die Lage des Letzteren?

Der Mitte des 2. Jahrhunderts tätige griechische Wissenschaftler Claudius Ptolemäus orientierte sich in seiner „Geographia" an den Längengraden und schuf damit ein Verzeichnis der Lage von Städten, Flüssen, Bergen und anderen geographischen Punkten für den damals bekannten Teil der Weltkugel.[154] Insgesamt nannte er die geographischen Koordinaten von über 6.300 Orten und topographischen Örtlichkeiten, darunter auch einige im freien Germanien).[155] Natürlich sind die Daten aufgrund der fehlenden Möglichkeiten der Zeit ungenau und müssen zumindest geodätisch entzerrt werden. Interessant ist, dass Ptolemäus auch eine Lokalität „Teuderium" nennt, der nach entsprechender moderner Umrechnung in der Nähe von Beelen liegen muss. Beelen ist vom Osning nur 19 Kilometer entfernt, so dass unter Berücksichtigung der Fehlertoleranz zugunsten des in Alexandria tätigen Wissenschaftlers nicht ausgeschlossen werden kann, dass damit der Saltus teutoburgiensis gemeint sein könnte.[156] In „Teuderium" klingt das germanische „Teut" viel eher an als in einem veränderten „Tulisurgium"; bemerkenswert, dass die Autoren des 17. und 18. Jahrhunderts sich nicht hierauf gestützt haben. Aus einem einzelnen an „Teuto" anklingende

---

[151] GRUPEN 1764: 120.

[152] GOLDSCHMIDT 1925: 11.

[153] Einige Autoren waren sich sicher, dass der Osning tatsächlich der einstige Saltus teutoburgiensis gewesen ist und daher die Umbenennung korrekt sei. Vgl. MEHLIS 1918: 60, 74-75, 115.

[154] PTOLEMÄUS 1843.

[155] KLEINEBERG 2010: 3.

[156] MEHLIS (1918a: 115) und FORBIGER (1848: 322) sahen die Lage bei Dörgen (Meppen).

Ortsnamen die Lage des einstigen Saltus Teutoburgiensis schließen zu wollen wäre allerdings auch sehr gewagt.

Gajus Plinius war um das Jahr 50 als Offizier in Germanien und stellte in zwanzig Büchern alle römisch-germanischen Kriege dar.[157] Mit Hilfe dieser Bücher wüssten wir heute mehr über die Lokalitäten und Geschehnisse im Rahmen der Varusschlacht, doch sind sie leider nicht erhalten. In seiner Naturgeschichte erwähnte Plinius in Germanien lediglich den Hercynischen Bergrücken („Hercynium"), nicht aber den Teutoburger Wald.[158]

Die einzigen brauchbaren Hinweise auf die Lage des Teutoburger Waldes finden wir bei Tacitus. Germanicus steht im Jahre 15 mit seinen Truppen an „der äußersten Grenze der Bructerer" und von dort ist der Teutoburger Wald „nicht weit entfernt", wofür Tacitus den Begriff „haud procul" verwendete.[159] Dafür, wie groß die Entfernung sein könnte, die mit „haud procul" gemeint war, gehen die Ansichten auseinander. Nach manchen Autoren soll Tacitus diesen Begriff „für Strecken von etwa 20 km" verwendet haben,[160] andere sprechen nach Auswertung von Annalen und Historien des Tacitus von bis zu vier Stunden.[161] Legt man den Gepäckmarsch der Bundeswehr von vier bis sieben Kilometern pro Stunde zugrunde, kommt man auf etwa die gleiche Entfernung.[162]

Fraglich ist aber, wo Germanicus denn im Jahre 15 mit seinen Truppen stand, von wo wir also solch einen Radius von etwa 20 Kilometern ziehen können. Die Forscher des 17. und 18. Jahrhunderts sahen die bei Tacitus genannten Flüsse Ems und Lippe als Ausgangpunkt und kamen schlussfolgernd auf das lippische Gebiet. Doch ist das wirklich schlüssig?

Um von den Legionslagern am Rhein an die obere Lippe zu gelangen, war der kürzeste Weg die Lippe selber, die ja auch mit zahlreichen Kastellen gesichert wurde. Wenn Germanicus einfach einen Krieg gegen die Brukterer

---

[157] SONTHEIMER 1964: 303.
[158] PLINIUS 1988: 184-185.
[159] „Haud procul" wird nach MOTZ (1953: 63-64) auch übersetzt mit „gar nicht weit" bzw. „ganz in der Nähe".
[160] BERKE 2009: 133.
[161] NEUBOURG 1887.
[162] DIVISION SCHNELLE KRÄFTE G1 DER BUNDESWEHR (o. J.): 29.

führen wollte, wäre es strategisch und auch seitens der Logistik am einfachsten gewesen, von den Lagern am Rhein nach Osten zu marschieren. So wäre am einfachsten „das ganze Gebiet zwischen den Flüssen Amisia und Lupia" zerstört worden. Das tat Germanicus aber nun gerade nicht. Sein Vormarsch verlief wesentlich komplizierter und aufwändiger.

Lediglich vierzig Kohorten schickte er unter General Caecina direkt in das Bruktererland, also das heutige Münsterland, bis an die Ems.[163] Sie dürften zwischen Ems und Lippe einige Unruhe ausgelöst und zahlreiche Siedlungen zerstört haben. Die Masse der Legionen nahm einen viel nördlicheren Weg. Der Aufmarschweg der Reiterei unter General Pedo führte „durch das Gebiet der Friesen".[164] Germanicus selbst „fuhr mit vier Legionen, die er auf Schiffe verladen hatte, über die Seen".[165] Mit diesen Seen kann nur das damals noch zwischen Festland und Nordsee gelegene zerrissene Land im Norden der heutigen Niederlande oder der Bereich der Mündungsarme des Rheindeltas mit der Bataverinsel gemeint gewesen sein. Diese Flotte fuhr dann in die Emsmündung hinein. Tacitus schreibt: „Fußvolk, Reiterei und Flotte trafen gleichzeitig an dem vorbestimmten Fluß ein."[166]

Wo an der Ems die Zusammenkunft der Heeresteile stattfand, ist unbekannt. Doch lässt sich dies zumindest eingrenzen. An der unteren Ems kennen wir bei Leer den Fundplatz Bentumersiel. Weiter nördlich hätte eine Anlandung überhaupt keinen Sinn gemacht. Sofern die Flotte die Ems weiter hinaufgefahren ist, war dies allenfalls bis Rheine möglich. Bei Rheine kreuzt das Flussbett eine Kalksteinkette, in die er sich im Laufe der letzten hunderttausend Jahre hineinerodiert hat. Allerdings nicht vollständig, denn der enge Durchlass war durch schroffe Felsen und Stromschnellen geprägt, die ein Befahren mit Schiffen unmöglich machten. In späteren Jahrhunderten wurden die Felsen teilweise gesprengt und seit dem Mittelalter staute man den Fluss durch ein Wehr auf, um hier eine Furt sichern zu können. Zur Zeit der Römer stellte dieser Bereich eine absolute Grenze für jede Flottenaktivität dar.

---

[163] TACITUS 1964: 60-61.
[164] TACITUS 1964: 61.
[165] TACITUS 1964: 61.
[166] TACITUS 1964: 61.

Wir können also sicher sagen, dass Germanicus irgendwo nördlich von Rheine agiert haben muss. Und eben dort lag die Nordgrenze des Siedlungsgebietes der Brukterer, also durchaus deren „äußerste Grenze". Angrenzend können wir u. a. die Siedlungsgebiete der Chasuarier, also der Anwohner der Hase, annehmen.

Gehen wir nicht von der Ost-, sondern von der Nordgrenze der Brukterer aus, mit einem Aktivitätsgebiet östlich der mittleren Ems nördlich von Rheine, so ergeben sich mit einem Aktivitätsradius von ca. 20 Kilometern ganz andere Gebiete für eine Identifikation des Teutoburger Waldes. Und damit gelangen wir sogar in den Bereich des römischen Fundplatzes Kalkriese, der heute allgemein als Ort der Varusschlacht gehalten wird.

Seit dem Mittelalter ist die Ems bei Rheine durch ein Wehr aufgestaut. Vorher gab es hier Kalkfelsen und Stromschnellen im Fluss.

Germanicus suchte das Schlachtfeld selbst auf und organisierte dann den Rückzug, der wieder mittels Flotte und das Gebiet der Friesen verlief; beides wäre völlig unsinnig, wenn er an der oberen Lippe gestanden hätte. Aus einem Gebiet von Lingen, Bramsche, Bersenbrück etc. macht dies jedoch Sinn. Caecina nahm wieder den Weg durch das Bruktererland und geriet an den Langen Brücken in ein heftiges Gefecht mit den Germanen, aus dem er nur unter großen Verlusten flüchten konnte.

Wo lag nun aber der Teutoburger Wald? Schauen wir zuerst auf den Namen selber, der unzweifelhaft auf eine germanischen Ortsbezeichnung Teutoburg zurückgeht. Burg steht dabei für einen befestigten Platz. Hierbei ließe sich an eine befestigte Höhe, also eine Wallburg denken, doch stammen die Wallburgen in Osning und Wiehengebirge nicht aus der Römerzeit, sondern waren damals schon mehrere Jahrhunderte alt und nicht mehr in Gebrauch. Es könnte sich hier allenfalls der Name einer früheren Befestigungsanlage erhalten haben, die vielleicht für die Zeit der Römerinvasionen wieder verteidigungsfähig gemacht worden war. Wie wir später noch sehen werden, waren die Burgen des 5. Jahrhunderts ganz anders konzipiert und vielleicht ist mit der „Burg" im Teutoburger Wald ein viel weniger spektakulärer Ort gemeint.

Teuto ist die Urform unseres Wortes Deutsch. Auch wenn dies von heutigen nihilistisch geprägten Intellektuellenkreisen immer wieder heftigst abgewehrt wird, scheint Teuto die Selbstbezeichnung der germanisch sprechenden Völker gewesen zu sein, die die Römer seit Cäsar als Germanen bezeichneten. „Um etwa 300 v. Chr. unternahm der griechische Forscher Pytheas von Massilia eine Erkundungsfahrt nordwärts an der Küste des Atlantischen Ozeans, die ihn bis in die Nordsee führte, wo er nach seiner Angabe ein Volk fand, das er Teutonen nennt."[167] Die Römer lernten dann die Kimbern und Teutonen kennen, die bis ins nördliche Italien vorstießen. In den Ursprüngen geht die Selbstbezeichnung Theudo vom Begriff Volk aus. Insoweit wird dann auch von Volksburgen ausgegangen, obwohl es solche als größere Burganlagen, wie gesagt, um die Zeitenwende nicht gab. Statt hier an eine Burg im heutigen Sinn zu denken, ist es vielleicht besser,

---

[167] ABELS 1927: 92.

von einem umfriedeten bzw. befriedeten Gebiet auszugehen, wo sich die Bevölkerung mehr oder regelmäßig zusammenfand.

In „Teuto" bzw. „Theudo" soll nach Pfeifer auch als Denominativum das Verb „deuten" enthalten sein. Darum handele es sich nach Brepohl um ein umfriedetes Gelände, wo ein Priester „dem Volk Gottes Wille verständlich gemacht" habe.[168] Der Saltus Teutoburgiensis wäre danach also ein Opferwald mit einem zentralen Heiligtum gewesen.[169], vielleicht das Zentralheiligtum des Kultverbandes der Istvaeonen. Es wurde auch die These aufgestellt, dass im Jahre 9 ein großes Kultfest der Rhein-Ems-Weser-Germanen an ihrem zentralen Heiligtum bevorgestanden hätte und Varus eben dorthin wollte.[170] Das Gebiet dieses Heiligtums sei der Saltus Teutoburgiensis gewesen. Brepohl vermutet geradezu eine Taktik, Varus vom Sommerlager wegzulocken, indem er zur Teilnahme an den Festen in den Heiligen Hainen gebeten wurde.[171]

Der Begriff saltus ist unzweifelhaft lateinisch und wird u. a. übersetzt mit Waldgebirge, Waldtal, Geländeerhebung, Schlucht, Gebirge, Gebirgspass, Weideplatz.[172] Er schließt einen bewaldeten Opferwald nicht aus. Wir können daher wohl annehmen, dass mit dem Saltus Teutoburgiensis kein größerer Gebirgszug, sondern eine zu Kultzwecken genutzte Örtlichkeit gemeint war.

Besondere Kultfeste fanden bei den Germanen im Abstand von mehreren Jahren statt, wie etwa noch tausend Jahre später alle neun Jahre in Uppsala in Schweden zu Ehren von Odin (Wodan) oder alle neun Jahre in Leire

---

[168] BREPOHL & TEMLITZ 2009.

[169] BREPOHL 2004: 66-67. Hermann Kurz schrieb, allerdings an Lippe denkend: „Daraus geht bestimmt hervor, dass der Teutoburgiensis saltus unweit der den Göttern geweihten Kultplätze lag." (KURZ 1890: 6).

[170] BREPOHL 2004: 66; BREPOHL & TEMLITZ 2009.

[171] BREPOHL 2004: 17-18.

[172] OPPITZ 2006: 84; MOTZ 1953: 64; SCHMIDT 2015. Andere sehen in „saltus" die Bedeutung „Salz", sprechen also von einem „Salzort an der Teutoburg" und verweisen darauf das der Platz auf Germanisch „Salt-uf-lohun" geheißen habe, was dem modernen Bad Salzuflen entspreche SCHOPPE et al. 2007: 84-87).

Dänemark. Im Jahreslauf fanden die Festlichkeiten vermutlich bei Vollmond im September statt. Im Altenglischen wurde der September dementsprechend „heiliger Monat" genannt.[173] Zur Zeit des Aufenthalts von Varus fielen am 23.09.09 sogar Vollmond und Tag- und Nachtgleiche zusammen.[174] Es dürfte nicht sehr schwierig gewesen sein, Varus zu einem Besuch der Festlichkeiten zu bewegen. Er wird es als Möglichkeit der Machtdemonstration gesehen haben.

Auch die Beschreibung des Schlachtfeldes der Varuskatastrophe durch Tacitus passt zu einem Kultplatz. Er schrieb: „Zugleich fanden sich an Baumstämmen angenagelte Köpfe. In den benachbarten Hainen standen die Altäre der Barbaren, an denen sie die Tribunen und die Centurionen der ersten Rangstufe geschlachtet hatten." Nun, die Germanen brauchten ihre Opfer nicht weit heranholen; diese waren selbst in die Falle gelaufen.

Wo im Bereich der Varusschlacht kann nun aber dieser heilige Bereich der Teutoburg gelegen haben? Interessant ist eine Urkunde des Bischofs Philipp von Osnabrück aus der Zeit 1147-1159 über die Berechtigung des Stifts St. Johann zu Osnabrück in der Engterer und Venner Mark Bauholz zu schlagen, in der es heißt: „marchiam silvaticam, quam Teutonici holtmarke appelant in locis Engethere et Vene".[175] Es geht also um Waldmarken in der Nähe von Kalkriese, die Teutonici Holzmark genannt wurden. Kann das ein Hinweis auf das Heiligtum sein? Zwischen Engter und Venne befindet sich der Kalkrieser Berg, die deutlich aus dem Gebirgszug des Wiehengebirges herausragt. Auf der Höhe südlich davon liegt ein ganz außergewöhnlicher Ort. Hier auf der Venner Egge des Wiehengebirges steht nämlich etwa einen Kilometer nordwestlich von Vehrte der einzige Menhir Nordwestdeutschlands. Es handelt sich bei diesem „Süntelstein" um einen aufrechten, 4,10 Meter aus dem Boden ragender Findling der Saaleeiszeit aus småländischen Biotitgranit mit einem Gewicht von 26,9 Tonnen[176], der eindeutig von Menschenhand aufgerichtet wurde.[177] Wann der Süntelstein

---

[173] BREPOHL 2004: 49.
[174] BREPOHL 2004: 53.
[175] PHILIPPI 1892: 220.
[176] SPEETZEN 1998: 90.
[177] Vgl. SPEETZEN 1998: 90. Siehe auch HARTMANN 1899; SCHLÜTER 1979a.

aufgestellt wurde, lässt sich nicht mehr erschließen.[178] Auf jeden Fall wird er der Megalithepoche zugeschrieben werden können, was aber nicht ausschließt, dass ihm nicht noch in germanischer Zeit eine besondere Bedeutung zugekommen sein könnte. Die Örtlichkeit wird „Steenshöhe" genannt und für den Menhir sind auch die Namen „Süntelsteen" (1756), „Sündelstein" (1853), „Teufels-„ und „Sonnenstein" überliefert.[179]

Der Süntelstein auf der Venner Egge im Wiehengebirge. Die Vorderseite wird immer wieder mit einer Teufelsfratze beschmiert.

Johann Karl Wächter schrieb 1841: „Der einzelne Stein im Vehrter Bruche, der Sündel oder Sonnenstein genannt, ist nicht minder merkwürdig. Er hat, nach der Beschreibung des Amts und nach einer kleinen Handzeichnung und Nachricht von dem eben genannten königlichen Forstbedienteten, eine pyramidenförmige Gestalt, ragt etwa 13´ über der Erde hervor, soll aber

---

[178] PETERS & SCHLÜTER 1979b: 25.
[179] STRODTMANN 1756: 236; SUDENDORF 1853: 397; SPEETZEN 1998: 90.

anscheinend nach auf einem tief in den Boden gehenden Fundamente ruhen."[180]

Neben dem eigentlichen Menhir findet sich ein Haufen sehr großer weiterer Findlinge, die bei Rodungsarbeiten im 19 Jahrhundert zusammengelegt worden sind. Nach Hartmann soll der Süntelstein vor 1853 von einem „Ring kleinerer Blöcke" umgeben gewesen sein, was Sudendorf jedoch bezweifelte.[181] In der Umgebung des Süntelsteins gibt es eine ganze Reihe von Wällen und Gräben, die bisher noch nicht kartographiert sind. Überhaupt ist das ganze Gelände noch nicht archäologisch untersucht worden. Daher gibt es eine Reihe unbewiesener Vermutungen zu dem

Große Findlinge neben dem Süntelstein. Sie waren vorher in der Umgebung aufgestellt, fielen dann aber der Urbarmachung des Geländes zum Opfer.

---

[180] WÄCHTER 1841: 107.
[181] SUDENDORF 1853: 397; HARTMANN 1853: 206, 1876: 75.

Gebiet. Wächter mutmaßte, dass dem Süntelstein „eine astronomische und somit druidische oder religiöse Bedeutung" haben könnte.[182] Andere sahen Beziehungen zu weiteren Steinen in der Nähe, was die Feststellung erlaube, dass die „Verteilung der Kultsteine die Nette bzw. die Steinerne Birke als kleinräumige Leitlinie ausweist, deren Endpunkt und Ziel der Teufelsstein war".[183] Bewiesen ist diesbezüglich aber noch nichts.

Dafür schwebt die Sagenwelt reich um den Süntelstein. Die Brüder Grimm nahmen ihn in ihre „Deutsche Sagen" auf: „Bei Osnabrück liegt ein uralter Stein, dreizehn Fuß aus der Erde ragend, von dem die Bauern sagen, der Teufel hätte ihn durch die Luft geführt und fallen lassen. Sie zeigen auch die Stelle daran, in welcher die Kette gesessen, woran er ihn gehalten, nennen ihn den Süntelstein."[184] Der Sage nach soll der Teufel vorgehabt haben, die Kirchentür in Venne mit dem Stein zu versperren, ließ ihn aber nach einem Hahnenschrei fallen.[185] Seitdem soll er sich jeden Morgen dreimal um seine Achse drehen, allerdings so schnell, dass man es nicht sehen kann.

Die Lage des Süntelsteins in unmittelbarer Nähe des Ortes der Varusschlacht, der Name „Teutonici holtmarke" für diese Gegend, die Einmaligkeit eines Menhirs in Nordwestdeutschland und ein Abstand in realistischer Nähe zum Kampfgebiet des Germanicus lassen es insgesamt sehr wahrscheinlich erscheinen, dass wir es hier mit dem ehemaligen Teutoburger Wald zu tun haben. Der Saltus Teutoburgensis ist somit ein Teil des heutigen Wiehengebirges im Bereich des heutigen Kalkrieser Berges bzw. der Venner Egge.

Damit wird auch klar, dass es sich bei dem Borgarwald der Thidrekssage nicht um den Teutoburger Wald handeln kann. Der Borgarwald soll zwischen Hunaland und Pulinaland gelegen haben.[186] Im Borgarwald lag eine Burg Marstein, wo nahebei Sigard residierte.[187] Interessant ist, dass Sigard nicht

---

[182] WÄCHTER 1848: 108.

[183] JARECKI 1999: 186.

[184] GRIMM & GRIMM 1816: 275.

[185] WÄCHTER 1841: 107; SUDENDORF 1853: 198-199; HARTMANN 1876: 76-77; SCHLICHTING 2008: 43.

[186] HAGEN 1814: 511-512; RITTER 1989b: 511-512.

[187] HAGEN 1814: 223; RITTER 1989b: 223.

in der Burg wohnt, sondern in der Nähe in einem Haus „unter der Erde gegraben".[188] Zu denken wäre an den Surwald in der Umgebung von Börger im Hümmling (vor 1.000 „Burgiri", 1160 „Burgern", 1350 „Borghere"[189]), der auch Börgerwald genannt wird.[190] Hier fand sich bis zu Beginn des 19. Jahrhunderts das größte „Steingrab Westhannovers" in dem bei Unwetter eine Herde von 150 Schafen Schutz gefunden haben soll.[191] Es handelte sich um ein neolithisches Ganggrab der Trichterbecherkultur (um 3.000 v. Chr.), das aus riesigen Findlingen errichtet war. 1825 wurde die Größe der Grabkammer mit 17 mal sechs Metern angegeben.[192] Nach einem Bericht des Osnabrücker Domküsters Johann von Velen war das Grab 1613 mit Erde überdeckt, so dass es von Weitem als Erdhügel erschien.[193] Der Sage nach soll hier der Friesenkönig Surbold begraben gewesen sein, ein Verbündeter des Sachsenherzogs Widukind. Man könnte sich vorstellen, dass Sigard nach einer Zerstörung der Burg Marstein eine zeitlang in diesem riesigen Steingrab gewohnt hat.[194] Offensichtlich lag die Örtlichkeit im Bereich der Friesen nördlich vom Sachsenland, was für eine Lokalisierung wichtig ist. Denn nach einem Besuch reitet Detleif, Biterolfs Sohn, von dort nach Süden zu seinem Großvater im Sachsenland.[195] Der Borgarwald muss also nördlich des Sachsenlandes oder in dessen nördlichem Teil gelegen haben. Ob der Börgerwald tatsächlich der Borgarwald der Thidrekssaga war, muss allerdings reine Spekulation bleiben. Offensichtlich ist aber, dass es sich bei der in der Thidrekssaga angegebenen Lage der Borgarwaldes auf jeden Fall nicht um den Saltus teutoburgiensis der Zeit der Römerkriege gehandelt haben kann. Für dessen Lokalisierung bietet die Thidrekssaga keine ernstzunehmenden Hinweise.

---

[188] HAGEN 1914: 226; RITTER 1989b: 226.

[189] ABELS 1927: 17; HARMS 1997: XX, XXII.

[190] Die Siedlung Börgerwald dort wird allerdings erst seit 1879 so genannt.

[191] LAUX 1989: 117.

[192] LAUX 1989: 118.

[193] LAUX 1989: 122. In der Gemeinde Börgerwald im Suerwolds Wald nahe der Waldstraße

[194] Wo genau die Burg Marstein gelegen hat, ist unbestimmt, ebenso ob der auf Luftbildern sichtbare Ringwall am Breddenberg (HARMS 1997, Karten 11) damit in Verbindung steht.

[195] HAGEN 1914: 221, 223, 232; RITTER 1989b: 221, 223, 232.

Wie der heutige Teutoburger Wald trug aus das heutige Wiehengebirge früher einen anderen Namen. Es soll dem Volksmunde nach den Namen von Herzog Widukind haben, niederdeutsch Wedeking.[196] Immerhin verlieh im Jahre 993 Kaiser Otto III dem Bischof Milo von Minden den königlichen Schutz für ein Nonnenkloster „castello suo Wedegenburch vocato" auf dem heutigen Wittekindsberg.[197] Von dieser „Wittekindsburg" nahe des heutigen Portadenkmals am Weserdurchbruch scheint der Name auf das ganze Gebirge westlich der Weser übergegangen zu sein.[198]

Der ursprüngliche Name war Süntel. Im Jahr 991 schenkte Kaiser Otto III dem Bischof von Minden „den am Westufer der Weser gelegenen Theil des Süntelwaldes" („silvam Suntel vocatam quantum ex occidentali parte fluminis quos Uuisera").[199] Hieraus lässt sich ableiten, dass sich der Name Süntel einst auf die Berge westlich und östlich des Weserdurchbruches bezog. Heute beschränkt er sich auf einen kleinen Höhenzug des Wesergebirges zwischen Hessisch Oldendorf und Bad Münder.

Dafür, dass auch das heutige Wiehengebirge früher auf ganzer Länge zum Süntel gerechnet wurde, liegen vielfältige Nachweise vor.[200] Im Jahre 1246 vermittelt der Osnabrücker Bischof Engelbert vor dem Freigericht an der zwischen Osnabrück und Haste gelegenen Süntelbeke (Sunnelesbike) zwischen den Grafen Ludwig von Ravensberg und Otto von Tecklenburg.[201] 1287 gründete der Osnabrücker Rat außerhalb der Stadtmauer für Leprakranke das Siechenhaus zur Süntelbeke. 1609 wird in Akten noch der

---

[196] Der Ort Wehdem bei Lübbecke wird 1307 als Wehem bezeichnet (BRENNER 2016: 7). Für eine Ableitung von diesem Ortsnamen liegen keine Hinweise vor. Der Wittekindsberg an der Porta soll ursprünglich „Wiberg" („Uiberg") bzw. „Widenberg" geheißen haben (HARTMANN 1876: 166).

[197] PLÖGER 2018: 8; GESELLSCHAFT FÜR ÄLTERE DEUTSCHE GESCHICHTSKUNDE 1893: 546-547.

[198] MEYER (1888: 597) und PIERER (1860: 281) bestätigen, dass einstmals soll nur der östliche Teil bis zur Weser als Wiehengebirge bezeichnet worden sein soll. Das heutige Wiehengebirge wurde auch „Westsüntel" genannt (MEYER-LÜBBECKE 1953: 23).

[199] GESELLSCHAFT FÜR ÄLTERE DEUTSCHE GESCHICHTSKUNDE 1893: 480-481.

[200] Teile des Gebirgszuges wurden früher als Bramscher, Lübbeckische und Mindensche Berge bezeichnet.

[201] ENGEL 1985: 404.

Name Süntel verwendet und in der Ämterkarte des Fürstbistums Osnabrück von 1798 ist nördlich von Osnabrück auch eine „Süntelstraße" als Fernstraße nach Bramsche verzeichnet, die das Gebirge quert.[202] Der Sonnenhügel in Osnabrück trug einst den Namen „Sundelberch"[203] und in der Stadt gibt es die Straßenbezeichnungen Süntelstraße, Am Süntelhügel und Am Süntelbach. Bei Belm-Vehrte liegt die Straße Süntelring und in Belm die Süntelapotheke.

Dass das Wiehengebirge früher dem Süntel zugerechnet wurde und diesen Namen trug, haben Wissenschaftler immer wieder hervorgehoben[204] und manche schrieben Wiehengebirge, „früher Süntel genannt".[205] Friedrich Müller rechnete den ganzen Bereich von Osnabrück bis zur Porta Westfalica zum Süntel, mitsamt dem Wedigenstein bei Porta, der Burg Limberg und der Dietrichsburg bei Melle.[206] Nach J. Sudendorf gehört z. B. die Venner Egge „zu dem großen Gebirgszuge des Süntels, dessen Name sich bis auf unsere Zeit erhalten hat".[207] Johann Karl Wächter teilte 1841 mit, dass der Name "Sündel" in der Gegend noch öfter vorkomme.[208] Doch der Name Süntel, „obgleich er an einzelnen Bergen, Felsen und Bächen hängen geblieben, ist fast gänzlich aus dem Gedächtnisse des Volkes verschwunden. Dagegen hat die Benennung Wiehen- rectius Wittekindsgebirge, welche eigentlich nur dem östlichen Theile in seinen Anfängen zukommt, sich immermehr eingebürgert".[209]

Der Name des Süntel wird als „Gebirgszug im Süden" gedeutet.[210] Kommt man aus der Norddeutschen Tiefebene ist es das erste Gebirge, auf das man stößt. Insoweit ist es eine ähnliche Namensgebung wie beim Osning. Mag es noch so profan sein, wir haben es trotz aller fantasievollen Erklärungsversuche lediglich mit einem Ostgebirge (Osning) und einem

---

[202] PIESCH 2010: 173.
[203] UDOLPH 1999: 72.
[204] LAUR 1993: 145.
[205] HARTMANN 1876: Vorwort.
[206] MÜLLER 1839.
[207] SUDENDORF 1853: 398.
[208] WÄCHTER 1841: 108.
[209] HARTMANN 1876: 1.
[210] UDOLPH 1999: 75.

Südgebirge (Süntel) zu tun, einfache Namen, die aber genau die geographische Lage dieser Kettengebirge bezeichnen.

Für die Betrachtung der Thidrekssage ist der Süntel insoweit wichtig, als dass dort der Kampf mit dem Drachen stattgefunden haben soll und einige Autoren die Burg Limberg im Wiehengebirge als diesen Ort ansehen. Beides ist jedoch nicht korrekt. Die Thidrekssage erwähnt den Süntel gar nicht. Die Sicht der Burg Limberg als Ort des Drachenkampfes ist eine moderne Legende. Mone behauptete fälschlicherweise 1836: „Limburg ist ein gewöhnlicher Ortsname und heißt Drachenburg."[211] Hartmann kannte die Thidrekssage und fantasierte daraufhin den Kampf Dietrichs mit dem Flugdrachen auf den Limberg, da dieser „in den ältesten Urkunden Lintberg heißt" und dieser „von dem Lintwurm seinen Namen bekommen" habe.[212] Gustav Engel übernahm 1934 ungeprüft diese Übertragung und schrieb, Diedrich von Bern „habe dort einen Lindwurm erschlagen".[213] Dies wurde dann ebenfalls ungeprüft von späteren Autoren übernommen.[214] Tatsächlich ist alles somit eine pure Erfindung neuzeitlicher Autoren die vom Wunsch getrieben einen willkürlichen Ort immer mehr in ihren Fantasien verstärkt haben. Die erstmals 1319 erwähnte Burg Limberg bestand weder im fünften Jahrhundert noch hat sie irgendetwas mit der Thidrekssage zu tun. Didrik scheint bei seinem Ritt zum Riemslohwald den Süntel gar nicht berührt zu haben. Die Geschehnisse verliefen weitaus kleinräumiger (siehe unten).

Dieses Beispiel der Burg Limburg zeigt sehr klar das oft zu einfache Denken aktiver Hobbyforscher. So werden Namensähnlichkeiten ohne tiefergehende Prüfung für wahr angesehen und ohne Kenntnisse der lokalen Geschichte und ihrer Besonderheiten Vermutungen konstruiert. Etwas zu vermuten, ist völlig in Ordnung, aber bevor es dann von anderen als Wahrheit übernommen und weitergesponnen wird, sollten doch eingehende Überprüfungen stattfinden. Nicht anders wurde beispielsweise mit der

---

[211] MONE 1836: 36.
[212] HARTMANN 1876: 109. Tatsächlich schwanken die Bezeichnungen in den frühesten Urkunden vom Beginn des 14. Jhds. zwischen „Limberge" und „Lintbergh" (MEINEKE 2016: 256); der Name könnte sich von „Lindenberg" oder „Lehmberg" ableiten.
[213] ENGEL 1934: 269.
[214] ESPENHORST 1985: 99-100.

Gleichsetzung der Valkaborg der Thidrekssage mit der hochmittelalterlichen Falkenburg bei Detmold Berlebeck umgegangen. Diese wurde im 13. Jahrhundert zur Überwachung der wichtigsten Verbindungsstraße zwischen den beiden Territorien der Herren zu Lippe, der Stadt Lippstadt und den Gebieten um Detmold, angelegt und schützte den Pass über die Gauseköte. Da von dort nicht der gesamte Straßenbereich eingesehen werden konnte, erfolgte zusätzlich im Bereich von Berlebeck die Errichtungen eines Hofes zur weiteren Straßenkontrolle, der Hof Wächter. Es handelt sich somit, wie auch die jüngsten archäologischen Grabungen gezeigt haben, um eine hochmittelalterliche Anlage zur Landessicherung. Für das fünfte Jahrhundert liegen dort keinerlei archäologische Funde vor und eine Burg hätte zu dieser Zeit in der dortigen Waldeinsamkeit überhaupt keinen Sinn gemacht. Schauen wir also besser auf die engere Umgebung des Riemslohwaldes.

Nach dem Ende der Römischen Kaiserzeit kam es zum Abbruch der Siedlungskontinuität in vielen Gebieten Nordwestdeutschlands.[215] Zahlreiche Höfe und Orte wurden aufgegeben und die Bevölkerung wanderte in die ehemalige Provinz Niedergermanien (Rheinland, Südniederlande) oder nach Britannien aus. Gleichwohl lassen sich bei vielen Orten Namen finden, die offensichtlich auf germanische Namensgebung zurückgehen.[216] Es kann daher davon ausgegangen werden, dass nicht die gesamte Bevölkerung fortzog, sondern ein Teil vor Ort blieb und diese Namen weiter benutzte. Immerhin hat sich auch eine Namenskontinuität der regionalen Bevölkerung von „Angrivariern" zu „Engern" erhalten.[217] Dies muss auch im Bereich des Riemslohwaldes so gewesen sein.[218]

Der Name des Riemslohwaldes kommt nicht von dem heute nahegelegen Dorf, sondern dieses hat den Namen vom Wald übernommen. Der Ursprung

---

[215] HENKEL 1986: 314-315.

[216] U. a. UDOLPH 1999: 88.

[217] STEINMEIER (1989: 2) deutete den Namen Angrivarier als „die aus den Wiesen".

[218] Ob es im 4. und 5. Jahrhundert zu einer allmählichen Zuwanderung von Sachsen aus dem Elbegebiet kam, wie es anhand von wenigen Urnenfunden gemutmaßt wurde (BEST 1996: 32, 35), ist völlig offen.

des Ortes geht erst auf einen fränkischen Hof zurück, der dort zur Sicherung der Fernstraße von Herford über Enger, Riemsloh, Melle und Bissendorf nach Osnabrück angelegt wurde.[219] Von dieser „Via Regia" wurden bei Arbeiten in der Dorfstraße Reste des Bohlenweges gefunden.[220] 1007 werden die Herren von „Rymeslo" als Ministerialengeschlecht genannt, die vermutlich den jetzigen Meierhof als Sitz hatten.[221] Anfang des 12. Jahrhunderts übertrug „Gero von Rymeslohe" den Hof an das Osnabrücker Domkapitel.[222] Neben der Didrikssage wird „Rimeslo" erstmals in einer Urkunde von 1160 genannt, ebenso in einer weiteren von 1277.[223] Bis 1179 soll Riemsloh zum Besitz Heinrichs des Löwen um Enger gehört haben.[224] Tatsächlich lag der Wohnplatz direkt auf der Grenze der Bauerschaften Krukum und Döhren.[225] Erst 1970 wurden die Bauerschaften Bennien, Döhren, Groß Aschen, Hoyel, Krukum, Westendorf und Westhoyel zur Gemeinde Riemsloh vereint, die 1972 Ortsteil der Stadt Melle wurde.[226]

Die Herren von Riemsloh verlegten ihren Sitz irgendwann von dem heutigen Meierhof zu der „Hünenburg" genannten Befestigung etwa einen Kilometer östlich des Ortes. Diese Burg scheint spätestens in der frühen Neuzeit bereits wieder als Steinbruch genutzt worden zu sein, da 1507 Chor und Nordseite der Kirche in Riemsloh mit Bausteinen von der Hünenburg erweitert wurden.[227] Hartmann hielt die Hünenburg fälschlich für eine „altsächsische Wallburg" bzw. einen altsächsischen Adelssitz.[228] Daher nahm Schulhof 1908 eine Verknüpfung von Didriks Kämpfen mit Ekke, Fasold, dem

---

[219] WANDHOFF 1987: 33-34.

[220] HEIMAT- UND VERKEHRSVEREIN RIEMSLOH 1997: 6.

[221] ARBEITSGRUPPE CHRONIK DER PFARRGEMEINDE ST. JOHANN - RIEMSLOH 1990: 16. Der Meyerhof hatte später noch besondere Rechte, u. a. Fischfang und Jagd, was auf eine adelige Herkunft deutet (HEIMAT- UND VERKEHRSVEREIN RIEMSLOH 1997: 15).

[222] ARBEITSGRUPPE CHRONIK DER PFARRGEMEINDE ST. JOHANN - RIEMSLOH 1990: 24.

[223] ARBEITSGRUPPE CHRONIK DER PFARRGEMEINDE ST. JOHANN - RIEMSLOH 1990: 311, 318.

[224] HEIMAT- UND VERKEHRSVEREIN RIEMSLOH 1997: 6.

[225] THÖRNER 1989: 340.

[226] THÖRNER 1989: 336.

[227] HEIMAT- UND VERKEHRSVEREIN RIEMSLOH 1997: 13, 17.

[228] HARTMANN 1890: 26; HEIMAT- UND VERKEHRSVEREIN RIEMSLOH 1997: 14-15.

Elefanten und dem Drachen mit der Hünenburg vor[229] und Jellinghaus vermutete ebenfalls einen Zusammenhang zwischen der Erzählung Didriks im Rimslohwald und der Hünenburg.[230] Für eine Nutzung der Hünenburg schon im 5. Jahrhundert liegen allerdings keinerlei archäologische oder sonstige Beweise vor, so dass sämtliche Behauptungen, dort habe sich der Kampf Didriks mit Ecke oder Fasold ereignet, reine Erfindungen sind. Aufgrund der Größe und des Fundes von Keramikresten wird die Wallburg stattdessen auf das 10. oder 11. Jahrhundert datiert.[231] Dr. Karl Rübel sah hier folgerichtig einen „alten Königshof"[232], also den befestigten Platz eines Ministerialen.

Was bedeutet aber nun der Name dieses Waldes, der Rimsloh genannt wird. Beginnen wir einfacherhalber mit dem zweiten Namensteil, der in den historischen Aufzeichnungen -el, -ell, -lege, -lo, -loe, -loh und -lohe genannt wird, wobei -lo und -loh am häufigsten auftreten.[233] Ortsnamen mit der Endung -loh sind in Niedersachsen und Westfalen sehr häufig. Loh-Orte sollen bereits im Frühmittelalter vorhanden gewesen sein.[234]

In der Literatur sind dazu Vorschläge gemacht worden. Neben einer Deutung als „Verschluss" oder „Einzäunung"[235], einer Anlehnung an die Gerberlohe[236] und einen Formenkreis „Lohe, lodern, lodernde Flamme, leuchten"[237] besteht nach herrschender Meinung ein enger Bezug zu einer besonderen Waldform. Und zwar eines mehr oder weniger lichten Waldes. Solche Wälder entstanden meist aus einer intensiven Beweidung durch Nutzvieh sowie sonstige Nutzungen, insbesondere der Holzgewinnung. Es handelt sich somit nicht um einen Urwald, sondern einen durch menschliche Beeinflussung aufgelockerten offenen Wald mit Lichtungen, Gebüschen und einen mehr oder weniger großen Viehbestand. In solchen Wäldern zündete

---

[229] SCHULHOF 1908: 128.
[230] JELLINGHAUS 1904a: 280.
[231] LAUER & SCHLÜTER 2000: 396; SCHLÜTER 2000b: 161.
[232] RÜBEL 1904; HEIMAT- UND VERKEHRSVEREIN RIEMSLOH 1997:15.
[233] ARBEITSGRUPPE CHRONIK DER PFARRGEMEINDE ST. JOHANN - RIEMSLOH 1990: 16-17.
[234] STROTDREES 2017: 152.
[235] KOBLER 2014.
[236] PFEIFER 2018: 810; KOBLER 2014.
[237] KOBLER 2014; PFEIFER 2018: 810.

man auch manchmal das trockene Unterholz an, um den Boden zu düngen und damit den Bewuchs an Pflanzen, Gräsern und Kräutern, zu fördern, die Nahrung für Rinder, Schafe und Schweine boten. Strotdrees sah stattdessen die in Norddeutschland weit verbreiteten Buchwälder, die oft wenig Unterwuchs besitzen und weit durchschaubar sind, als typische loh-Wälder an[238], was durchaus (auch) seine Berechtigung haben kann. Die Endung gehört zu den ältesten Grundwörtern[239] und basiert auf indoeuropäisch *louko- bzw. *leuk.[240] Im Lateinischen finden wir sie als lucus, was dort Wald, Waldstück oder heiliger Hain bedeutet.[241]

Interessant ist, dass die alte Heerstraße durch Riemsloh zugleich eine Ökotopengrenzlage darstellt. Südlich finden sich tiefreichend humose Parabraunerden mit hoher Ertragsfähigkeit.[242] Diese Bereiche mit guten Ackerböden[243] werden seit altersher ackerbaulich genutzt und dort liegen auch die größeren Höfe. Nördlich treten dagegen sandige, steinige Lehmböden sowie pleistozäne Flugsande und Schmelzwassersande auf, die für Ackerbau kaum geeignet sind.[244] Dies ist das Gebiet, das bis heute bewaldet ist und vom Riemslohwald eingenommen wird. Noch weiter nördlich davon herrschen im Randbereich der Else (= Erlenbach), eines Nebenflusses der Weser, holozäne sandige bis schluffige Gleyböden mit hohem Grundwasserstand vor, die heute als Wiesen und Weiden genutzt werden und ursprünglich wohl mit Feuchtwäldern aus überwiegend Erlen bedeckt waren. Derartige Ökotopengrenzlagen waren bei der Besiedlung durch agrarische Gesellschaften besonders geschätzt, ließen sich die Parabraunerden ackerbaulich und die schlechteren Waldböden zum Vieheintrieb nutzen. Die Else mit ihren sumpfigen Randbereichen verhinderte zudem ein Entweichen des Viehs nach Norden. Insoweit passen die Bezeichnung Loh sowie die Art der Nutzung und die bodenkundlichen Voraussetzungen sehr gut zusammen. Didrik ritt hier also nicht durch einen

---

[238] STROTDREES 2017: 153.
[239] STROTDREES 2017: 152.
[240] PFEIFER 1993; KOBLER 2014.
[241] STROTDREES 2017: 152.
[242] DAHM-ARENS 1983.
[243] MÜCKENHAUSEN 1939: 91.
[244] DAHM-ARENS 1983.

Urwald, sondern durch einen vom Menschen durch Vieheintrieb genutzten (Hude-)Wald.

Die Größe des Riemslohwaldes im fünften Jahrhundert lässt sich nicht mehr feststellen. Auffällig ist jedoch, dass der heutige Wald etwa mit der Verbreitung der sandigen Böden übereinstimmt, da westlich bei Melle und östlich nahe der heutigen Waldgrenze an der Hünenburg die Parabraunerden weiter nach Norden bis an die Niederung der Else auftreten. Insoweit kann der Riemslohwald nur größer gewesen sein, wenn noch nicht alle ackerbaulich geeigneten Böden landwirtschaftlich genutzt worden sind, was im fünften Jahrhundert durch die Abwanderung von Teilen der Bevölkerung möglich gewesen sein kann. Doch ein wirklich großer Wald war es auch damals nicht.

Was bedeutet nun der Namensteil „Rims", der den Riemslohwald von den vielen weiteren Lohwäldern unterscheidet. Er taucht in den Schriften in den Formen Riems, Reineß-, Riemsch-, Rime-, Rimel-, Rimes-, Rimeß-, Rims-, Rimsch-, Rimß-, Rymes- und Ryms- auf.[245] Bei einigen Deutungen war wohl eher der Wunsch Vater der Gedanken, ohne dass Indizien oder Beweise vorliegen, wie etwa die Ableitung von einem angeblichen Personennamen „Hrim", der „Reif, Raureif, Frost" bedeute[246] (Wald des Hrim, Wald des Frostes). Hartmann hielt so den Reifriesen Hrim für den Namensgeber.[247] Auch für Ableitungen von „rimi-loh" als eines „den Göttern geheiligten Haines am rimi, wie in altnordischen Sprachen ein Höhenzug bezeichnet wird"[248], fehlt es nicht nur an Indizien, sondern ein solcher Höhenzug ist bei Riemsloh gar nicht vorhanden. Das Gleiche gilt für „Reihe, Reihenfolge, Zahl, Berechnung, Kalender, Reim (ahd. *rim).[249]

Eher wahrscheinlich ist eine Ableitung aus dem Formenkreis Rand bzw. langgezogenes Band. Das mittelhochdeutsche „rieme", altsächsisch „riomo",

---

[245] ARBEITSGRUPPE CHRONIK DER PFARRGEMEINDE ST. JOHANN-RIEMSLOH 1990: 16-17.
[246] Vgl. KOBLER 2014; ARBEITSGRUPPE CHRONIK DER PFARRGEMEINDE ST. JOHANN - RIEMSLOH 1990: 18.
[247] HARTMANN 1890: 26.
[248] FREDEMANN 1968: 235.
[249] KOBLER 2014.

kann Rand, Band, Riemen, Lederstreifen oder Gürtel bedeuten.[250] Verwandt sind auch aisl. „rim" (langes, dünnes Brett), engl. dial. „rim" (Leitersprosse), ostfries. „rim" (Dachsparren) und ags. „rima" (Rand, Grenze), die allesamt etwas langes schmales bezeichnen.[251] Jellinghaus vermutete in diesem Sinne bereits eine Ableitung vom altenglischen „rima", das Rand oder Grenze bedeutet.[252] Betrachten wir die zur Ökotopengrenzlage gemachten Ausführungen, so stellte der Riemslohwald tatsächlich den bänderförmigen Rand des Siedlungsraumes nach Norden zur Else dar. Es war der schmale Waldgürtel entlang der Else, der sich wie ein Band durch die Landschaft zog und gleichzeitig die Grenze zu möglichen Siedlungen an der Nordseite des Flüsschens bildete. Lediglich an einer Stelle nördlich des heutigen Riemsloh war dieser Grenzwald aufgrund der dortigen schlechten Böden etwas breiter. Folgerichtig war der Riemsloher Wald vor der Markenteilung Teil der Riemsloher Mark.[253] Didrik ritt also offensichtlich nicht auf der Trasse der späteren Via Regia, sondern eher ufernah durch den Erlenwald parallel zur Else.

Die Formulierung bei Heinz Ritter „Am Morgen ritten sie früh davon in einem Wald, der Rimslo heißt", ist missverständlich formuliert.[254] Man könnte hier meinen, sie zielten genau auf diesen Wald zu. Im frühesten Druck von Peringskiold heißt es dagegen: „igenom den skog som Rimslo heter" (bzw. „oc fara omm skog thann er heitir Rimslo").[255] Besser muss man also übersetzen: „Und am Morgen ritten sie fort und fuhren/zogen durch einen Wald, der Rimslo heißt." Sie ritten also nicht zielgerichtet zum Riemslohwald, sondern sie kamen halt auf ihrem Weg durch diesen hindurch, was auch deutlich macht, dass es sich nicht um einen besonders ausgezeichneten Wald handelte.

---

[250] KOBLER 2014, PFEIFER 1993, 2018: 1128.
[251] SCHÜWER 1982: 85.
[252] Jedoch von anderen bezweifelt. ARBEITSGRUPPE CHRONIK DER PFARRGEMEINDE ST. JOHANN - RIEMSLOH 1990: 17-18.
[253] JELLINGHAUS 1904a: 279.
[254] RITTER: 1989: 91.
[255] PERINGSKIOLD 1715: 108.

Zusammenfassend lässt sich feststellen, dass die Thidrekssage eine außerordentlich gute Kenntnis der Topographie des westfälisch-niedersächsischen Berglandes zwischen Osning und Wiehengebirge zeigt. Es wird auch deutlich, dass Didrik den Teutoburger Wald überschritt, das Wiehengebirge jedoch nicht erreichte. Folgerichtig werden die Burg Drekanflis und der Riemslohwald als hinter dem Osning gelegen angegeben. Dies passt mit der Lage des heutigen Riemslohwaldes überein. Darauf, dass sowohl der Kampf mit dem Elefanten (Elch) als auch mit dem Flugdrachen im Riemslohwald stattfand, deutet die Verwendung des Begriffes „skogen" in der Svava. Im Schwedischen gibt es nämlich zwei Begriffe für Wald. Einmal „skog" für den Wald im Allgemeinen. Und das Wort „skogen", wenn von einem spezifischen Wald die Rede ist.[256] Folgerichtig wird in der Thidrekssage von einem „skog", der Rimsloh heißt gesprochen und dann in der Folge immer „skogen" verwendet. Das bedeutet, es geht immer um den Rimslohwald, wenn sie mit dem Elefanten kämpfen, Sintram aus dem Maul des Flugdrachen befreien, Sintrams Schild wiederfinden und zwei Tage lang dessen Pferd suchen.[257] Didrik kommt dann „or skoginum" („uthur skogen"), also aus dem Wald heraus, und findet das Pferd bei der Burg Aldinflis.[258]

Die Besonderheiten der Schwedischen Sprache im Originaltext zeigen somit, dass sich die Ereignisse um den Kampf mit dem Elefanten und dem Flugdrachen innerhalb des relativ kleinen Riemslohwaldes ereigneten. Burg Aldinflis lag unmittelbar am Rand dieses Waldes. Damit scheidet die von Heinz Ritter vorgeschlagene Burg Altenfils bei Brilon als Lokalität der Sage aus. Aldinflis, Aldinsaela und Drekanflis sind in der engeren Umgebung des Riemslohwaldes zu suchen.

---

[256] https://talkpal.ai/de/vocabulary/skog-vs-skogen-waldbegriffe-auf-schwedisch/.
[257] PERINGSKIOLD 1715: 108, 110, 112.
[258] PERINGSKIOLD 1715: 112.

Angrenzend an die Else bestand der Riemslohwald aus durch Erlen geprägten Nasswäldern.

In Höhe des späteren Ortes Riemsloh verbreiterte sich der Riemslohwald und wies eine offene Struktur aus Eichen, Buchen und Kiefern auf.

5. Entstehungsgeschichtlicher Ansatz[259]

Im 43. Kapitel der Thidrekssaga reiten Didrik und Fasold durch den Riemslowald, wo sie einen Elefanten treffen und mit ihm kämpfen. Nun besteht allgemeine Sicherheit, dass sich die Geschichten der Sage auf den nordwestdeutschen Raum beziehen und es sich beim Riemslohwald um den Wald beim heutigen Melle-Riemsloh handelt, in der Nähe des Osnings. Elefanten hat es dort nach dem Aussterben der Mammuts am Ende der letzten Eiszeit nicht mehr gegeben. Auch liegen keine Hinweise vor, dass zur Römerzeit solche Tiere nach Niedergermanien bzw. ins Freie Germanien gebracht worden sind. Es lässt sich auf jedem Fall ausschließen, dass es im fünften Jahrhundert irgendwo in Deutschland Elefanten gab. Auch tauchen Elefanten in keinem Bericht der Zeit auf.[260] Der erste Elefant in Norddeutschland, Abul Abbas, soll im Jahr 797 als Geschenk Harun al Raschids an Karl den Großen in Herstelle an der Weser übergeben worden sein.[261] Wie kommt nun aber ein Elefant in den Riemslowald der Thidrekssaga?

Heinz Ritter hatten die Saurierfährten im Wiehengebirge bei Barkhausen fasziniert. In der kleinen Schlucht, in der die Hunte das Wiehengebirge durchbricht, befindet sich westlich des Baches ein alter Steinbruch in den Juragesteinen. Auf der großen Steinbruchwand sind mehrere Gruppen von runden Trittsiegeln pflanzenfressender Saurier (Elephantopoides barkhausenensis) erkennbar, die Abdrücken von Elefantenfüßen ähneln.[262] Ballerstedt schrieb: „Hinter- und Vorderfuß wurden von dem plumpen Tier, das wahrscheinlich wie der Elefant ein ausschließlicher Paßgänger war, an der selben Stelle auf den Boden aufgesetzt... während der rechte Hinterfuß dauernd etwas nachgehinkt hat. Die einzelnen Fußeindrücke sind rein tellerförmig und lassen keinen Eindruck von Zehen erkennen."[263] Dazu findet sich eine Spur von dreizehigen Abdrücke eines Raubsauriers (Megalosaurus

---

[259] Dieses Kapitel wurde in Teilen bereits in der Zeitschrift Der Berner veröffentlicht (WÄCHTER 2024b).
[260] RAßMANN (1958: 422) schrieb: „Für Thidreks Kampf mit dem Elephanten läszt sich keine deutsche Quelle mehr nachweisen."
[261] HAMM 1989: 16; EINHARD 1977: 36-37.
[262] KLASSEN 1984: 404.
[263] BALLENSTEDT 1922.

teutonicus).[264] Lohmann beschrieb die Spur als die eines „vogelähnlichen Tieres".[265]

Ritter nahm nun an, dass im Frühmittelalter auch irgendwo im Riemslohwald Juragesteine mit solchen Fußabdrücken freilagen. Die beiden Helden hätten diese Fährten als diejenigen von einem Elefanten und einem Drachen gedeutet und daraus ihre Jagderzählung konstruiert.[266] Dies erweist sich bei näherer Betrachtung als sehr unwahrscheinlich. Die Saurierfährten von Barkhausen wurden 1921 von Dr. Klüpfel aus Siegen entdeckt und dann von M. Ballerstedt näher untersucht.[267] 1976 fanden umfangreiche Sicherungsarbeiten an der Fährtenplatte statt, um 2000 erfolgte eine Überdachung. Im Frühmittelalter steckten diese Spuren noch tief im Berg, waren also nicht sichtbar. Steinbrüche gab es damals noch nicht. Dass Spuren dieser Art an anderer Stelle durch Erosion freigelegt worden waren, ist nahezu ausgeschlossen. Die Sandsteine, in denen die Fußabdrücke auftreten, gehören zum Malm (tieferer Teil des Mittleren Kimmeridge) und wurden vor 140 Millionen Jahren abgelagert. Diese Steine bilden auf weiter Länge den Nordhang des Wiehengebirges. Sie bestehen meist aus kieseligen und tonigen Schluff- und Feinsandsteinen, die an der Oberfläche schnell verwittern.[268] Dass Spuren durch Erosion freigelegt und dann oberfläch sichtbar bleiben, ist nahezu ausgeschlossen. Insoweit können sie die Helden auch nicht gesehen haben. Im Übrigen hatten sie auch weder jemals einen Elefanten gesehen, noch hätten sie die Struktur dessen Spuren kennen können. Die Schichten des Malm sind zudem nur im Wiehengebirge anzutreffen, dem damaligen Süntel. In der Umgebung des Riemslohwaldes sind sie nirgends oberfläch zu finden.[269] Das gleichzeitige Vorkommen von Spuren zwei so unterschiedlicher Saurierarten ist zudem sehr selten, was es

---

[264] KLASSEN 1984: 404.

[265] LOHMANN 1908.

[266] RITTER 1980: 19-24. Eine moderne Form der Sagenerzählung gab ACKERMANN (2022) in seinem Roman Mimung, in dem er sich an die Ergebnisse der Untersuchungen Heinz Ritters hält und eine Szene einbaut, in der Fasold Dietrich im Rimslowald eine Felswand mit Krallenabdrücken zeigt und sie dann beide über einen Drachen als Verursacher diskutieren.

[267] FRIESE 1979: 7.

[268] Vgl. DIENEMANN 1939.

[269] MANGELSDORF 1984.

noch unwahrscheinlicher macht, dass eine solche Kombination anderenorts im Frühmittelalter an ein oder zwei Orten zugleich irgendwo sichtbar war.[270] Ritters These ist somit weder beweisbar noch wahrscheinlich.

Raßmann hielt es für möglich, dass der Elefant lediglich ein Wappen eines Ritters war.[271] Dies kann, ebenso wie ein Feldzeichen, nicht gänzlich ausgeschlossen werden, wobei allerdings zu berücksichtigen ist, dass Wappen wohl erst im Spätmittelalter allgemein üblich wurden. Und woher sollte ein Ritter das Aussehen eines Elefanten kennen.

Der Name Elefant existierte im Germanischen nicht und wurde aus dem Lateinischen entlehnt. Er tritt im Deutschen erst im 9. Jahrhundert als „helfant" und „elefant" auf.[272] Soweit er in Sagentexten Verwendung findet, ist es sehr wahrscheinlich, dass er erst nach dieser Zeit dort eingefügt wurde, entweder als Ergänzung oder als Ersatz für einen vorher anderen Namen. Erhalten hat sich der Name Elefant während des frühen Mittelalters am wahrscheinlichsten in den südlichen Gebieten Europas, etwa in Italien.

Für den Kampf mit dem Elefanten ist noch ein anderer Begriff interessant. Didrik bindet nämlich vorher sein Pferd an einen Ölbaum („Olivetre" bzw. „Olivetrae"[273]). Also eine Baumart, die im Riemslohwald niemals wachsen könnte und die ebenfalls für den Süden Europas typisch ist. Elefant und Ölbaum passen nicht in den Norden Deutschlands. Sie sind Fremdkörper im sonst klar norddeutschen Namens- und Landschaftsbild der Thidrekssaga.

---

[270] Saurierfährten sind heute in den Bückebergen und westlich des Steinhuder Meeres erschlossen.
[271] RAßMANN 1858.
[272] PFEIFER 1993.
[273] PERINGSKIOLD 1715. In den isländischen Fassungen wird die Linde genannt.

Fährtenplatte im Steinbruch bei Barkhausen im Wiehengebirge 2024.

Nachbildung des Raubsauriers Megalosaurus teutonicus im Steinbruch bei Barkhausen im Wiehengebirge 2024.

Nun lässt sich erst einmal vermuten, dass es Lese- bzw. Abschreibfehler der Vervielfältiger alter Manuskripte oder moderner Autoren sein könnten. Letzteres ist aber nicht so. Bereits in den frühesten Werken treten diese Bezeichnungen auf. Als allererster ließ Johannes Peringskiold 1715 die Handschriften der Didriksage auf Schwedisch drucken und schrieb im 43 Kapitel „dyr eitt er heitir Elevans" bzw. „diur som Elephant kallas".[274] In den Kapitelüberschriften und Fußnoten heißt das Tier auch „Filinn" und „Elephantur". Im lateinischen Text schrieb er über das Tier „quam Elephantem appelant"[275], als Seitenüberschrift jedoch „ett stort diur eller Elephant", also „das große Tier oder Elefant".[276] In der ersten deutschsprachigen Ausgabe der Thidrekssaga übersetzte Friedrich Heinrich von der Hagen 1814 „Elefant" und vermerkte: „Nordisch elevans, elefantr. Sonst Fil".[277]

Im 96. Kapitel heißt es weiter „ein Mann, der ritt auf einem Elfan-Tiere", wozu von der Hagen vermerkt: „Nordisch apandir; Lesart fil".[278] Im 161. Kapitel übersetzt er: Tier „welches deutsche Männer Elfant-Tier nennen, die Wäringer aber Fil". Dazu schrieb er: „Alpan-Tier, und dies bezeichnet im Altdeutschen mehr ein Kamel als einen Elefanten. Insgesamt ging ihm hier einiges Durcheinander. Tatsächlich wurde mit Alpantier das Kamel bezeichnet, das im Mittelelter besonders in Südosteuropa genutzt wurde. Mit einem Elefanten hat das alles nichts zu tun.

Man kann es drehen und wenden, die Namen Elefant und Olivenbaum sind schon früh in die Sage geraten. Ein Elefant taucht im 43. Kapitel nur einmal auf, ansonsten wird immer nur von „Tier" gesprochen, was so ein bisschen den Eindruck hinterlassen kann, der Einfüger sei sich selber nicht so ganz sicher gewesen, ob die Namen richtig sind. Aber wer fügte Namen südeuropäischen Genres in die norddeutsche Sage ein?

Es ist schon erstaunlich, dass der früheste Druck der Didrikssage aus dem Jahr 1715 in der deutschen Forschung bisher kaum Berücksichtigung gefunden hat. Damals veröffentlichte Johannes Peringskiold in Stockholm

---

[274] PERINGSKIOLD 1715: 108.
[275] PERINGSKIOLD 1715: 108.
[276] PERINGSKIOLD 1715: 109.
[277] HAGEN 1814: 139.
[278] HAGEN 1814: 224.

die „Wilkina Saga eller historien om Konung Thiderich af Bern og hans kæmpar samt Niflunga Sagan".[279] Er stützte sich dabei auf die in der Königlichen Bibliothek in Stockholm vorhandenen Manuskripte, von denen das eine aus Pergament sei und ein Alter von 460 Jahren habe. Es muss danach also aus der Zeit um 1255 stammen. Das andere bestehe aus Papier und sei später geschrieben und vervollständigt worden.

dare i Humlunga eller Aumlungalande / Konung Thiderits farfader (se Blom=
sturwalla Sagan cap. 1. och 2.)
    Förbemälte Keisare Frideric II. affomnade åhr 1250. Konung Håkan Hå=
kanson then gamle / lefde ännu wid pass A:o Chr. 1250. har altså thetta handskref=
ne Werck om Kong Thidrik och Wilkina Männen / warit här i Nordlanden' al=
lareda utöfwer 470 åhr. Hwar af förwaras i Kongl. Antiquitets Archivo
twenne Exemplar, thet första och äldsta på Pergament / swarar emot 460 åhrs
älder wid pass; Thet andra på Papper / är i senare tider skrifwit och införskaf=
fat / något fullkomligare än thet förra.
    Uti förbemälte Blomsturwalla Saga / som förtäljer samma bedrifter om

Textstelle der Vorrede zur „Wilkina Saga eller historien om Konung Thiderich af Bern og hans kæmpar samt Niflunga Sagan", in der Peringskiold eine Verbindung zwischen der Sagenfassung sowie den Monarchen Kaiser Friedrich II und König Håkon IV. von Norwegen aufzeigt.[280]

---

[279] PERINGSKIOLD 1715. 1636 hatte Johan Thomasson Bure bereits für sich eine Abschrift gemacht und diese ins Schwedische übersetzt (siehe RASZMANN 1858: XXIX).
[280] PERINGSKIOLD 1715.

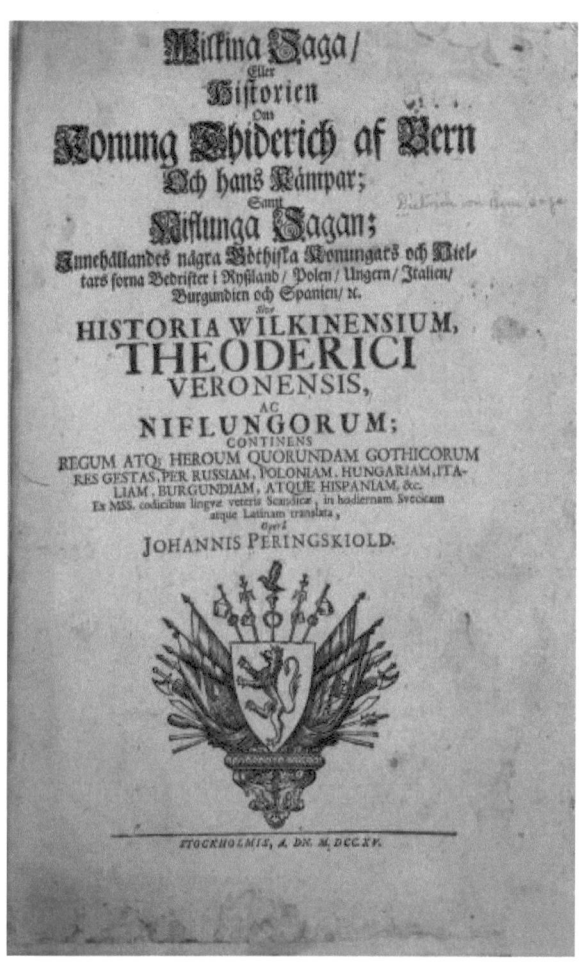

„Wilkina Saga eller historien om Konung Thiderich af Bern og hans kæmpar samt Niflunga Sagan" von 1715.[281]

---

[281] PERINGSKIOLD 1715.

„Wilkina Saga eller historien om Konung Thiderich af Bern og hans kæmpar samt Niflunga Sagan" von 1715.[282]

[282] PERINGSKIOLD 1715.

Peringskiold zeichnete den Text in seiner altwestnordischen Form auf und fügte eine Übersetzung ins Schwedische und in Latein bei. Besonders interessant ist eine Stelle seiner Vorrede zum Buch. Dort schreibt er, dass Kaiser Friedrich II im Jahre 1250 verstorben sei. König Håkonsson von Norwegen habe um diese Zeit gelebt (Regierungszeit 1217 bis 1263). Die Handschriften über König „Thidrik och Wilkina Mannen" seien über 470 Jahren in den Nordlanden aufbewahrt worden.[283] Man fragt sich hier: Wozu nennt der Schwede Peringskiold in diesem Zusammenhang einen deutschen Kaiser und einen norwegischen König, deren Regierungszeiten sich interessanterweise überlappten? Lagen ihm vielleicht noch Unterlagen vor, die beide für die Überlieferung der Thidrekssaga als wichtig erschienen ließen?

Kaiser Friedrich II auf einer modernen Briefmarke.

---

[283] PERINGSKIOLD 1715.

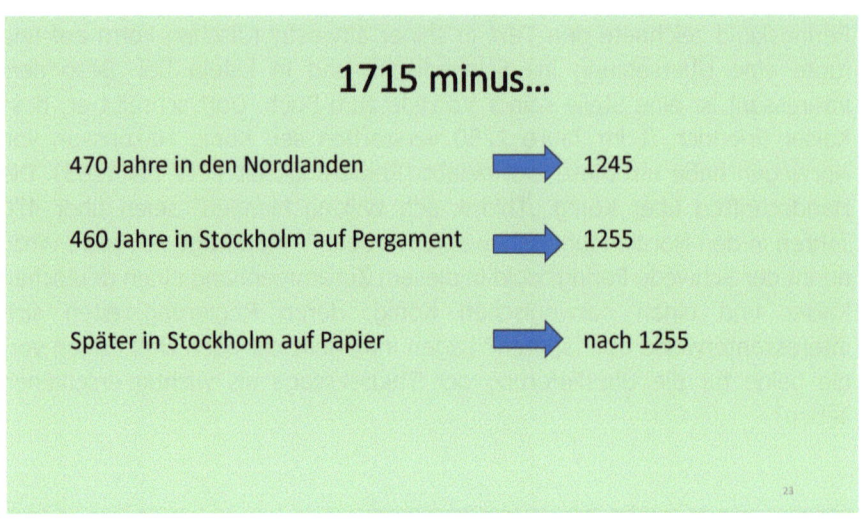

Der staufische Kaiser Friedrich II (1194-1250) war seit 1198 König von Sizilien und ab 1212 deutscher König. 1220 erfolgte die Kaiserkrönung. 1229 erreichte er auf seinem Kreuzzug in das Heilige Land durch den Vertrag von Jaffa mit Sultan al-Kamil die Herausgabe Jerusalems und führte auch den Titel König von Jerusalem. Friedrich ragt in vielerlei Aspekten aus der Reihe deutscher Könige und Kaiser heraus. Er regierte die meiste Zeit von Süditalien aus, unterhielt intensive Kontakte zu den Sarazenen und fiel durch seine Bildung und sein wissenschaftliches Interesse auf.

Das von ihm erbaute achteckige Castel del Monte in Apulien diente nicht als Burg; neben einer Repräsentativfunktion fallen dort Schattenformen auf, die eine astronomische Funktion nahelegen. Der Kaiser schrieb selbst das Buch „De arte venandi cum avibus", eine Anleitung über die Beizjagd mit Falken und die Vogelkunde im Allgemeinen mit über 900 Abbildungen von etwa 80 Vogelarten. Seine Bibliothek und sein Wissensinteresse gingen über alles hinaus, was die Zeit kannte. Er gründete 1224 die Universität Neapel, versammelte an seinem Hof christliche, muslimische und jüdische Gelehrte und diskutierte mit ihnen wissenschaftliche Themen. Enger Kontakt bestand u. a. zum Mathematiker Leonardo da Pisa (Fibonacci) und Michael Scotus. Friedrich II unterhielt mit Johannes von Palermo einen eigenen Hofmathematiker.

Der Elefant Kaiser Friedrichs II in der Chronica maiora.[284]

Friedrich II besaß auch einen Tiergarten mit seltenen Arten, darunter Leoparden, Löwen, Kamele, Strauße und Affen; Sultan al-Kamil schenke ihm 1229 dazu einen Elefanten, den der Kaiser bei Triumphzügen mit sich führte[285], u. a. 1237 in Cremona. Es war der erste Elefant in Europa seit der Zeit Karls des Großen.[286] In der Chronica maiora des Matthäus von Paris (1200-1259) ist eine Abbildung des „Cremona-Elefanten" zu sehen.

Friedrichs Sizilianische Dichterschule war berühmt. Diese Scuola poetica siciliana wurde u. a. als „Auftakt einer italienischen Nationalliteratur" betrachtet.[287] Zahlreiche Literaten hielten sich am Kaiserhof auf und Kanzleimitarbeiter wurden zum Dichten aufgefordert. Einige Dichtungen von

---

[284] MATHHÄUS VON PARIS (um 1250).

[285] STAATLICHE SCHLÖSSER UND GÄRTEN BADEN-WÜRTTEMBERG 2024.

[286] Erst 1254 gelangte ein weiterer Elefant nach Europa; König Ludwig IX von Frankreich hatte diesen im Heiligen Land bekommen und schenkte ihn König Heinrich von England. Das Tier starb nach zwei Jahren im Tower. Davon gibt es eine Zeichnung von Matthew Paris (MEREDITH 2003:51).

[287] RADER 2019: 259.

Friedrich II selbst sind überliefert.[288] Er stand in Kontakt mit Künstlern der ganzen damals bekannten Welt, auch mit Walther von der Vogelweide.

Die Hofkanzlei, die erstmals auch Papier für Urkunden verwendete, stand mit allen weltlichen und kirchlichen Fürsten und bedeutenden Personen der Zeit in Verbindung. Der Kaiser unterhielt ein Hofskriptorium und eine reichhaltige Bibliothek mit Handschriften und Pergamenten. Wir wissen, dass darin u. a. der Alexanderroman auf Latein und Griechisch, das Liber introductorius (eine Art Lexikon der Wissenschaften), das Liber abaci (Buch der Rechenkunst) sowie naturwissenschaftliche Schriften einschließlich solcher zur Medizin, Astronomie, Musik und Meteorologie vorhanden waren.[289] Bücher arabischer Herkunft wurden übersetzt, u. a. das Abbreviatio de animalibus des persischen Philosophen Avicenna (Ibn Sina) sowie Werke von Aristoteles (De animalibus). Kopisten und Übersetzer schufen so am Hof zahlreiche kunstvolle Bücher.[290]

In der Bibliothek Friedrich II wird es sicherlich auch eine ganze Reihe von Büchern und Dokumenten aus Deutschland gegeben haben, schließlich stand der Kaiser fortwährend u. a. mit den Herzögen und den Bischöfen in Kontakt. Bei dem wissenschaftlichen und literarischen Interesse Friedrich II wäre es nicht auszuschließen, dass es an seinem Hof auf Sizilien bzw. in Süditalien auch eine Fassung der Thidrekssage gegeben hat. Einhard hatte in seiner Biographie Karls des Großen schon geschrieben: „Auch die uralten heidnischen Lieder, in denen die Taten und Kriege der alten Könige besungen wurden, ließ er aufschreiben, um sie für die Nachwelt zu erhalten.[291] Gehörte die Thidrekssage dazu?

Die an die dortigen Verhältnisse angepassten Kopisten hatten natürlich bei manchen norddeutschen Bezeichnungen ihre Probleme. Könnte es sein, dass ein süditalienischer Kopist die Namen eines Tieres, das das „größte und stärkste aller Tiere ist", und eines Baumes nicht verstand und daraus dann „Elefant" und „Olivenbaum" machte, mediterrane Arten, die er beide kannte.

---

[288] RADER 2019: 258, 261-262.
[289] RADER 2019: 266, 268-269, 280.
[290] RADER 2019: 270, 279.
[291] EINHARD 1977: 58-59.

Im 43. Kapitel der Thidrekssage wird das Tier im Riemslohwald als „das größte und stärkste aller Tiere" bezeichnet.[292] Was war damals das größte Tier in Norddeutschland? Zu denken wäre an Bär (germ. „*beran"), Wolf (ahd. „wolf", asächs. „wulf"), Luchs (asächs. „lohs"), Auerochse (ahd. „uro"), Wisent (ahd. „wisunt") oder Elch (indoe. „*elkont", ahd. „elahho", anord. „elgr", frühnhd. „elend").[293] Besonders die frühen Namen des Elches, der in Italien ja völlig unbekannt gewesen sein dürfte, klingen an „elphas" an. Noch Ende des 18. Jahrhunderts wird der Elch „Elend-Thier" genannt.[294]

Noch schwieriger ist der Olivenbaum (ahd. „oliboum") zu deuten. Ritter meinte hierin die Rotbuche (*Fagus sylvatica* L., ahd. buohha") wiederzuerkennen, die im nordwestdeutschen Bergland sehr verbreitet ist und aus deren Bucheckern Pflanzenöl gewonnen wurde.[295] Zu denken wäre aber auch an die Ulme (ahd. „elmo") und die Erle (ahd. „elira", asächs. „elis", got. „*alisa").[296] Eine Veränderung von „elira" zu „oliva" kann nicht ausgeschlossen werden. Besonders wenn der zugrundeliegende Text nicht sehr sorgfältig geschrieben oder erhalten ist, sind e und o sowie r und v leicht verwechselbar. Die Olive ist in Süditalien ein gängiger Baum. Apulien war im Hochmittelalter sogar ein wichtiger Exporteuer von Olivenöl.[297]

Diese Veränderungen durch Kopisten im Süden Italiens sind vorerst reine Spekulation. Ohne den Fund weiterer Texte der Thidrekssage dürfte es letztlich nicht sicher zu entscheiden sein, welche Tier- und Pflanzenart ursprünglich einmal gemeint war. Betrachtet man diese mögliche Interpretation, dass es sich bei dem in der Sage genannten Ölbaum um eine Erle und bei dem Elefanten tatsächlich um einen Elch gehandelt haben könnte, so passt dies genau in das Landschaftsbild des Riemslohwaldes als das Flüsschen Else begleitenden Wald, da beide Arten eben genau in solchen fließgewässernahen Nasswäldern vorkamen.

---

[292] HAGEN 1814: 139.
[293] PFEIFER 2018: 74, 97-98, 275, 1574, 1578.
[294] ADELUNG 1777: Tab. VIII.
[295] RITTER 1980: 18; PFEIFER 2018: 179.
[296] PFEIFER 2018: 295, 949, 1482. In den isländischen Formen der Sage ist von einer Linde die Rede.
[297] LEGLER 2008: 23.

Im Buch „Unterweisung der vornehmsten Künsten und Wissenschaften zum Nutzen der Schulen" von Johann Christoph Adelung aus dem Jahr 1777 sind „Elefandt" und „Elend-Thier" (Elch) auf einem Kupferstich vereint.[298]

König Håkon IV. Håkonsson war von 1217 bis 1263 König von Norwegen. Er beendete die inneren Auseinandersetzungen des Landes und schuf ein starkes Königtum, wobei er seine Herrschaft auf eine solide Basis an

---

[298] ADELUNG 1777: Tab. VIII.

Gesetzen stützte. Island und Grönland konnte er seinem Reich angliedern. Håkon wird ein Interesse an Bildung zugeschrieben. Er verstand Latein und ließ sich noch auf dem Sterbebett lateinische und norwegische Bücher vorlesen.[299] Matthäus von Paris hat Håkon als „bene literatus" bezeichnet.[300] Der König ließ lateinische Texte ins Norwegische übertragen und sammelte nordische Sagas. Zu seiner Zeit und vermutlich an seinem Hof entstand auch der Königsspiegel (Konungsskuggsja), ein Werk über die Besonderheiten von Norwegen, Island und Grönland, in dem auch die Stellung von König und Kirche zugunsten des ersteren thematisiert wird.[301] Außerdem ließ Håkon Übersetzungen der „französischen höfischen Literatur" anfertigen[302], z. B. des Rolandsliedes,[303] und finanzierte die Übertragung von „Tristan und Isolde" ins Norwegische. Außerdem schickte er geeignete Norweger an die neuen Universitäten in Südeuropa.

---

[299] DASENT 1894: 366 (cap. 329).
[300] MATTHÄUS VON PARIS um1250: 4: 652.
[301] MEISSNER 1978.
[302] BEHRMANN 1996: 46.
[303] HALVORSEN 1959.

1229 fragte Håkon bei Friedrich II nach dem Verbleib eines Landsmannes an, der auf Kreuzfahrt in das Heilige Land verschollen war.[304] Es entwickelte sich ein „reger Gesandtschaftsverkehr"[305] zwischen den beiden Herrschern. Um 1237 schickte Friedrich eine Delegation unter einem Anführer namens Wilhelm an den Hof Håkons, die viele Geschenke überbrachte.[306] Håkon antwortete ebenfalls mit Geschenken von Dingen, die in Süditalien schwer zu bekommen waren. Bekannt sind norwegische Delegationen unter Gudleik von Ask, einem Ritter Roi, einem Sohn von Nicolas Paul, Bard von By sowie dem in norwegischen Diensten stehenden Deutschen Heinrich, die teilweise längere Zeit am Kaiserhof verweilten.[307] Auch der Verfasser des Königsspiegels schreibt, dass er selber auf Sizilien gewesen ist,[308] wohl als Gesandter Håkons beim Kaiser.[309] In der Håkonsaga heißt es: „Von da an herrschte die beste Freundschaft zwischen dem Kaiser und König Håkon".[310] Für etwa 1240 wissen wir über eine Reise von Matthäus im Auftrag des Kaisers „mit vielen edlen Geschenken" an Håkon.[311] Sie wurde besonders dadurch zum Gespräch, dass ihn fünf dunkelhäutige Sarazenen begleiteten. Behrmann schrieb über die Kontakte: „Unter Håkon und Friedrich, der ja mütterlicherseits selbst normannischer Herkunft war, führte der Weg vom norwegischen zum deutschen Herrscher in der Tat von Bergen nach Unteritalien, und er wurde in dieser und der umgekehrten Richtung vielleicht häufiger beschritten als jemals vor- oder nachher im Mittelalter."[312]

Über einige der Geschenke haben wir Nachrichten bzw. Indizien. Vermutet wird, dass ein Königskopf aus Marmor an der Fassade des Svensgården in Bergen, der Stilelemente süditalienischer Plastik der ersten Hälfte des 13. Jahrhunderts aufweist, als Geschenk Friedrich II nach Norwegen gekommen ist.[313] Ein von Friedrich an Sultan al-Kamil um 1233 geschenkter Eisbär kann

---

[304] DASENT 1894: 151 (cap. 164).
[305] BEHRMANN 1996: 41.
[306] DASENT 1894: 177 (cap. 191).
[307] DASENT 1894: 177 (cap. 191).
[308] MEISSNER 1978: 53.
[309] Vgl. MEISSNER 1978: 14.
[310] DASENT 1894: 178 (cap. 191).
[311] DASENT 1894: 247 (cap. 243).
[312] BEHRMANN 1996: 27-28.
[313] BEHRMANN 1996: 42.

ebenfalls nur über Norwegen gekommen sein.[314] Der Königsspiegel berichtet über sein Vorkommen auf Grönland.[315] Solche Tiere gehörten zu den kostbarsten Geschenken überhaupt. Wahrscheinlich stammten auch Friedrichs kostbarste Falken, die weißen Gerfalken, von Håkon, der enge Kontakte nach Island und Grönland, dem Habitat dieser Tiere, unterhielt.[316] Im Königsspiegel werden sie als „Kostbarkeiten" in anderen Ländern bezeichnet.[317]

Håkon versuchte auch gute Beziehungen zum Papst zu pflegen. Innozenz IV drängte ihn, dass er seinen Königseid vor seinem Vertreter, Kardinal Wilhelm von Modena, wiederhole, was dann tatsächlich 1247 erfolgte. Wilhelm sollte jedoch nicht nur die Krönung vornehmen, sondern Håkon auch dazu bewegen, in Deutschland als Gegenkönig zu Friedrich II anzutreten, was dieser jedoch „entschieden zurückgewiesen" hat.[318]

Insgesamt lässt sich festhalten, dass wir es bei Friedrich II und Håkon mit zwei starken und gebildeten Herrschern zu tun haben, die beide Literatur und Wissenschaften förderten und in regem gegenseitigem freundlichem Austausch miteinander standen.

Nun wissen wir nichts Weiteres über die Art der sonstigen ausgetauschten Geschenke zwischen Håkon und Friedrich. Es wäre nicht ausgeschlossen, dass eine der süditalienischen Abschriften der Thidrekssaga ebenfalls als Geschenk oder im Tausch an König Håkon von Norwegen gegeben wurde und zehn Jahre später dann davon eine Fassung auf Schwedisch angefertigt wurde. Denn schließlich heißt es am Ende der Schrift: „Deo gratias. Herrn Didriks Buch nun Enden. Gott möge seine Gnade senden dem, der es tat auf Schwedisch wenden".[319]

---

[314] AMARI 1938: 662-663; BEHRMANN 1996: 43.

[315] MEISSNER 1978: 77.

[316] BEHRMANN 1996: 43-44. Ab 1262 wurde er vertraglich auch Herrscher über Island.

[317] MEISSNER 1978: 78,

[318] MATTHÄUS VON PARIS um1250, lib. 5; BEHRMANN 1996: 40.

[319] RITTER 1989a: 357. HAGEN 1814: 740. „Them som hona a Swaenska wendhe".

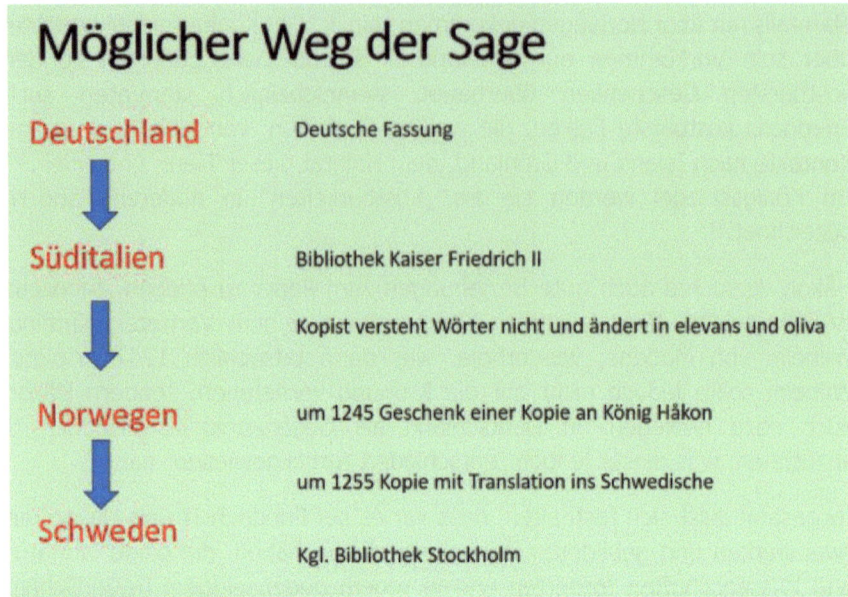

Möglicher Weg der Sage

Deutschland — Deutsche Fassung

Süditalien — Bibliothek Kaiser Friedrich II

Kopist versteht Wörter nicht und ändert in elevans und oliva

Norwegen — um 1245 Geschenk einer Kopie an König Håkon

um 1255 Kopie mit Translation ins Schwedische

Schweden — Kgl. Bibliothek Stockholm

Dies könnte vielleicht auch die teilweise südländischen Ortsnamen in der Thidrekssaga erklären. Bei weiteren Forschungen sollte daher der Aspekt süditalienischen Einflusses zur Zeit Kaiser Friedrich II auf die Thidrekssage mit in den Blickpunkt genommen werden.

6. Regionalgeschichtlicher Ansatz

Werfen wir nun wieder einen Blick auf die Region um den Riemslohwald. Wir befinden uns dort in einer alten Siedlungskammer, die schon in den Römerkriegen und dann wieder im 7. und 8. Jahrhundert in den Blick der Geschichte geriet.

Auch wenn die Kenntnisse über die sich im Laufe der Jahrhunderte verschiebenden Grenzen der einzelnen germanischen Herrschaftsgebiete sehr gering sind, lässt sich das Gebiet um den Riemslohwald dem Gebiet der Angrivarier zurechnen, die bereits bei Tacitus mehrfach in Zusammenhang mit den Römerkriegen genannt werden. Auf jeden Fall gehörte die Siedlungskammer der reichen Lössböden zwischen Osning und Wiehengebirge zu ihrem Herrschaftsgebiet, das sich aber wohl auch auf die Wesergebiete nördlich der Porta Westfalica ausdehnte. Zumindest aus dem Jahr 775 wissen wir, dass wohl auch der Buckigau (Bückeburg) in Engern lag.[320] Zu Engern gehörte auch Markloh, der Ort der sächsischen Volksversammlung, bei Nienburg an der Weser.[321] In der Beschreibung des Feldzuges von Germanicus erwähnt Tacitus einen Angrivarierwall, „der die Grenzlinie zu den Cheruskern bilden sollte".[322] Frühere wilde Behauptungen, ein Wall in dem Dorf Leese an der Weser sei dieser Angrivarierwall, sind durch archäologische Untersuchungen widerlegt worden. Tatsächlich muss dieser irgendwo an der Ostgrenze des Angrivarierlandes gelegen haben, vielleicht an einer der Weserschleifen zwischen Veltheim und Hessisch Oldendorf.

---

[320] WANDHOFF 1987: 8. Das Gebiet der Engern Ende des 8. Jahrhunderts wird heute meist zwischen Weser und Hunte sowie bis zur Werra gesehen (WANDHOFF 1987: 9).

[321] Dass der Name Markloh „für den ganzen Teutoburger Wald" gegolten und „Grenzwald" bedeutet habe (VRIES 1930), ist falsch. Marklohe war der Versammlungsplatz der Sachsen westlich von Nienburg an der Weser und nicht zwischen Herford und der Weser, wie PRINZ (1980) behauptet. Er hatte mit dem Osning rein gar nichts zu tun. Auch bedeutet Markloh nicht einfach Grenzwald, sondern es war ein Wald, in dem sich eine besondere Markierung befand, also ein Stein oder ein sonstiges Zeichen, wie es typisch für wichtige Versammlungsplätze war.

[322] TACITUS 1964: 88.

Von 256 bis 300 soll ein Fürst Bodo (Boden, Bodon) ganz Sachsen von Enger aus regiert haben. Sein Sohn soll Bechtam (Wichten), sein Enkel Witigißlum geheißen haben. Allerdings sind diese Angaben nicht wirklich historisch gesichert.[323] Petrus Suffridus schreibt in seinem 1590 erschienen Buch über die Friesen, dass im Jahre 344 Engern und Westfalen Friesland angegriffen hätten. Nach ihrer Niederlage seien beide Gebiete dann durch den Friesenherzog Odilbald erobert worden.[324] Durch die Friesen seien die Burgen Soest, Iburg (bei Bad Driburg) sowie diejenige in Engern, die später Wittekind hatte („in Angriam, quae postea Vitekindi fuit"), erbaut worden.[325] Es bleibt jedoch offen, woher Suffridus diese Angaben bekommen hat und ob sie sie nicht eher seiner Fantasie entsprungen sind.

Was wir wissen ist, dass die Engern nach dem Zusammenbruch des Herrschaftsgebietes der Cherusker nach dort expandierten und bis ins achte Jahrhundert hinein ihr Herrschaftsgebiet auch deutlich nach Süden ausdehnen konnten, so dass schließlich Soest und Bad Driburg zu ihnen gehörten. Das galt aber wohl noch nicht für das für die Thidrekssage relevante 5. Jahrhundert.[326]

Sicher ist, dass durch die Abwanderungen der Sachsen über den Rhein und nach Britannien während des 5. Jahrhunderts kein unbewohntes Land um Enger zurückblieb. Dafür war der Lössboden zwischen Teutoburger Wald und Wiehengebirge zu gut alsdass man ihn verlassen musste. Nach dem 4. Jahrhundert tritt im sächsischen Gebiet zwar ein Bevölkerungsrückgang auf, doch wurde das Land keineswegs vollständig aufgegeben.[327] Capelle schrieb, „daß die nach den Auswanderungswellen noch in Nordwestdeutschland lebende Bevölkerung keineswegs nur aus verbliebenen armen Verwandten der späteren Angelsachsen bestand", sondern „sogar wirtschaftlich stark" gewesen ist.[328] Auch der Fundplatz von

---

[323] Siehe dazu NIEMÖLLER 1927: 8.

[324] SUFFRIDUS 1540.: 284

[325] SUFFRIDUS 1540: 284-285.

[326] OOSTEBRINK (2022) nennt zahlreiche Orte, für die eine Zugehörigkeit zu Engern belegt ist.

[327] CAPELLE 1998: 70. Nachgewiesen durch archäologische Funde (z. B. Friedhof bei Liebenau), Pollendiagramme etc.

[328] CAPELLE 1998: 82.

Melle-Oldendorf des 4. bis 6. Jahrhunderts wird als sächsisch angesehen.[329] Nur wenige Kilometer westlich wurde bei Ellerbeck eine Bronzedose mit 25 Goldmünzen (Schlussmünze 370 n. Chr.) gefunden, die wohl ein in römischen Diensten stehender engrischer Söldner hier versteckt hatte.[330] Überhaupt bildet das Gebiet im Umkreis von Enger einen Schwerpunkt der Goldmünzenfunde des 4. Jahrhunderts.[331] Armut herrschte hier nicht.[332] Es scheint eher so gewesen zu sein, dass sich der Einfluss der Engern gerade in Gebiete mit schlechteren Böden erweiterte, die tatsächlich weitgehend von der lokalen Bevölkerung verlassen worden waren.[333] Im 5. Jahrhundert dehnte sich so der sächsische Einfluss verstärkt ins Münsterland aus. In Beckum fand man ein Grab des 6. Jahrhunderts mit Prunkschwert, Sax und reicher Metallausstattung (Lanze, Pressbleche, Schnallen, Schalen etc.).[334] Zwei Gräber der ersten Hafte des 5. Jahrhunderts mit typisch sächsischen Schalenfibeln sind in Bad Lippspringe ausgegraben worden.[335] 695/696 gab es einen sächsischen Vorstoß in das Gebiet zwischen Lippe und Ruhr bis Werl, 715 einen weiteren bis an die untere Ruhr. Eine Kosmographie aus Ravenna nennt um 700 Leine, Pader, Ems und Lippe als im sächsischen Gebiet gelegene Flüsse.[336]

Als Hauptort der Engern galt seit früher Zeit der Ort Enger westlich des heutigen Herford. Enger wurde schon seit dem Mittelalter als der „älteste Wohnsitz der Engerer" angesehen.[337] Und er wurde hinsichtlich der Wittekindszelt als „principale regni castrum", also „Hauptburg des Reiches" bezeichnet.[338] Das Gebiet um Enger war zur sächsischen Zeit „der stärkst

---

[329] CAPELLE 1998: 29.

[330] CAPELLE 1998: 63.

[331] CAPELLE 1998: 65; RAU 2019: 121.

[332] Nahe bei Enger wurden in der Belker Heide auch zwei römische Goldmünzen des Constantius und des Magnentius gefunden (NIEMÖLLER 1927: 9).

[333] Schon (TACITUS 1977: 51) berichtete, dass nach der Dezimierung der Brukterer die Angrivarier in deren Land eingewandert seien.

[334] CAPELLE 1998: 87.

[335] CAPELLE 1998: 16, 82.

[336] CAPELLE 1998: 104-105.

[337] Siehe u. a. NIEMÖLLER 1927: 7.

[338] NIEMÖLLER 1927: 23.

besiedelte Raum Nordwestdeutschlands".[339] Der Ort Enger wird bereits 804 als Angeri und 950 als Angari genannt[340] und steht eng mit dem Namen der Angrivarier bzw. der Engern in Verbindung. Der Name soll zu den ältesten vorgeschichtlichen Ortsnamen gehören.[341] Bereits im 8. bis 9. Jahrhundert gab es hier eine Kirche.[342] Vor 947 gründete Königin Mathilde, eine Nachfahrin des sächsischen Herzogs Widukinds, ein Kanonikerstift, das später nach Herford verlagert wurde.[343] Aus Urkunden aus dem Jahren 947 und 966 wissen wir, dass Mathilde Güter an das Kloster übertrug.[344] Dass Widukind in Enger begraben sei soll, berichtet erstmals eine Urkunde vom Beginn des 13. Jahrhunderts.[345] Immerhin befindet sich in der Kirche eine Grabplatte aus der Zeit um 1100.

Enger gehörte, ebenso wie der Riemslohwald zum Graingau (Grönegau). Ob der Grönegau nun als Korngau oder grüner Gau bezeichnet wird, es deutet auf jeden Fall darauf hin, „daß schon die früheren Einwohner diese Landschaft als eine besonders fruchtbare Siedlungslandschaft empfunden haben".[346] Er ist Altsiedelland und umfasste im weitesten Sinne das heutige Stadtgebiet von Melle und erstreckte sich in der Sachsenzeit im Osten bis Bünde, Hiddenhausen, Enger, Spenge und Werther.[347] Der Tingplatz des Grönegaus war wahrscheinlich der in Altenmelle.[348]

Der Graingau wurde erstmals in einer Urkunde aus dem Jahr 852 genannt[349] und eine weitere Ludwigs des Deutschen aus dem Jahr 859 nennt den Enkel Wittekinds, Graf Waltbert, mit Besitztum im Graingau.[350] Die von den Franken eingeführte Grafschaftseinteilung entsprach nicht überall den

---

[339] RIEPENHAUSEN 1938: 75

[340] MEINEKE 2011: 94.

[341] MEINEKE 2011: 95.

[342] LOBBEDEY 1973; ERNST 1989: 20-21.

[343] ENGEL 1981: 27.

[344] LOBBEDEY 1973: 6.

[345] LOBBEDEY 1973: 6.

[346] WANDHOFF 1987: 23.

[347] RIEPENHAUSEN 1938: 93; WANDHOFF 1987: 23.

[348] WANDHOFF 1987: 25.

[349] WANDHOFF 1987: 25.

[350] WANDHOFF 1987: 26.

Grenzen der sächsischen Gaue.[351] Und in der Folgezeit gab es viele Veränderungen. So sollen die Kirchspiele Melle, Riemsloh und Hoyel vor 1180 noch zum engerschen Gebiet gehört haben.[352] Besonders zur Zeit der Kriege Heinrichs des Löwen, in denen Enger zeitweise an Lippe fiel, hatte der Bischof von Osnabrück „die Kirchspiel Mell (Melle), Reimslag (Riemsloh), Heuwel (Hoyel) und andere davon mit Gewalt abgenommen".[353] Enger gehörte zur Diözese Osnabrück.[354] Doch die Ostgrenze des Grönegaus wurde schließlich „zusammen mit der Sprengelgrenze des Bistums Osnabrück auf die Linie Kilverbach/Warmenau zurückverlegt.[355] Wir können also die im Hochmittealter bestehenden Grenzen nicht den Herrschaftsgebieten im Land der Engern des 5. Jahrhunderts gleichsetzen.

In der Thidrekssage wird ein Land „Ungaria" genannt.[356] Bei der Eroberung von Bern durch König Samson soll ein Heer von Norden sowie eines von Süden aus „Ungaria" gekommen sein. Zur Lokalisation besteht die Vermutung, dass es sich hierbei um Engern gehandelt haben könnte.[357] Auf dem ersten Blick könnte eine Verwandtschaft von „Angeri" und den vielen ähnlichen mittelalterlichen Bezeichnungen für Engern mit „Ungaria" bestehen. In der Thidrekssage wird viel häufiger der Ungarawald („Ungara skog") genannt.[358] Dieser gehörte zum Gebiet des auf der „Brandinaborg" resierenden Jarl Iron sowie dessen Bruder Jarl Appolonius von Tira nahe des Rheins („skamt fra Rin").[359] Beide wurden von König Attala von Soest dort eingesetzt. Es muss sich um ein großes Waldgebiet gehandelt haben, das häufig zur Jagd benutzt wurde. Angrenzend lag der Balslaunguwald („Balslaunguskog", „Balslongu-skogi") im Herrschaftsgebiet des König Salomons, das zum Frankenland („Frackland") gehörte.

---

[351] WANDHOFF 1987: 11.

[352] ENGEL 1981: 37.

[353] NIEMÖLLER 1927: 48.

[354] MEYER 1850.

[355] WANDHOFF 1987: 24.

[356] PERINGSKIOLD 1715: 21.

[357] Siehe OOSTEBRINK 2012: 84, 2017: 47, 62; 2022: 40

[358] PERINGSKIOLD 1715: Kap. 231, 233, 235-238.

[359] PERINGSKIOLD 1715: Kap. 220.

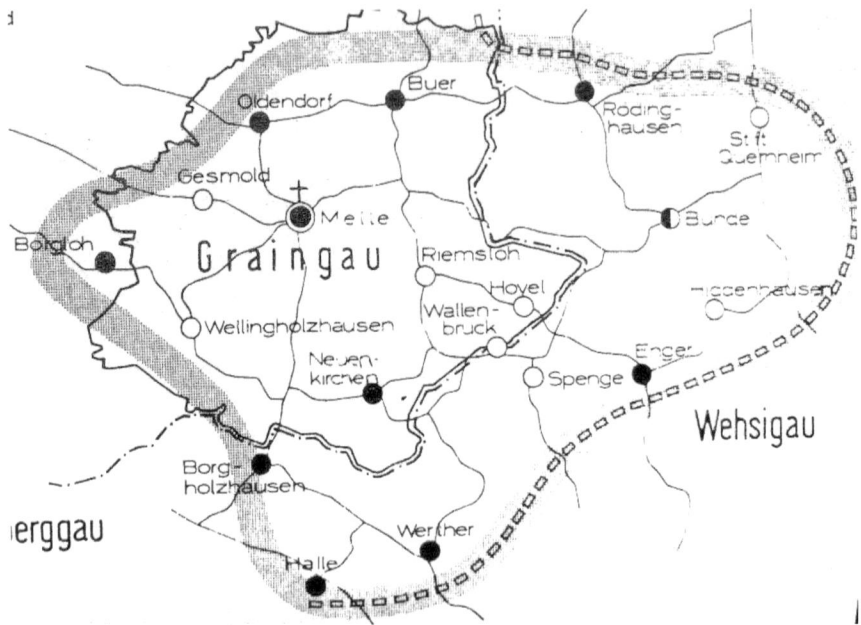

Der Graingau in fränkischer Zeit.[360]

Hieraus wird ersichtlich, dass es für Ungaria keinen räumlichen Bezug zu Engern gibt, sondern wir es mit einer Region nahe des Rheins und des fränkischen Siedlungsgebietes zu tun haben. Womöglich haben wir es mit dem Engersgau (Angerisgove) zu tun.[361]

Schon Beda und Lebuin wiesen darauf hin, dass die Sachsen keinen König hatten, sondern sich die Fürsten und Freien sich jährlich in Markloh an der Weser trafen, um gemeinsam zu beraten.[362] In der um 890 entstandenen Poetae Saxonis heißt es, dass es in Sachsen soviel Herzöge wie Gaue gab.[363] Lediglich in Kriegszeiten wurde einer der Fürsten zum Anführer auf Zeit

[360] WANDHOFF 1987: 22.
[361] Siehe OSTEBRINK 2017: 23-24. Näheres siehe BADENHAUSEN 2021, insbesondere dort Karte auf S. 13.
[362] CAPELLE 1998: 136-137.
[363] WINTERFELD 1899.

gewählt, wie etwa Widukind im 8. Jahrhundert. Ansonsten war der jeweilige Fürst auf die Gewalt in seinem Gau beschränkt. Das hatte sogar schon Cäsar berichtet: „In Friedenszeiten gibt es keine gemeinsame Obrigkeit, sondern die Gebiets- und Gaufürsten sprechen bei ihren Leuten Recht und schlichten Streitigkeiten."[364]

Lassen sich vielleicht Indizien dafür finden, in welches Herrschaftsgebiet Dietrich von Bern bei seinem Ritt über den Osning gelangte? Sicherlich gelangte er ins Land der Engern, aber lässt sich das genauer verorten? Schließlich sind in der Geschichte mehrere Ortsnamen erhalten.

Betrachten wir dazu eine Besonderheit im Umfeld des Graingaus. Dort und nach Osten hinaus bis Herford und Hillegossen gibt es eine bemerkenswerte Besonderheit, nämlich Bauernhöfe, die als Sattelmeyerhöfe bezeichnet werden. Sie konzentrieren sich besonders in der Gegend um Enger.

Sattelmeyerhöfe soll es vereinzelt auch im Lipper, Rietberger und im Paderborner Land sowie im Vest Recklinghausen und bei Oldenburg gegeben haben.[365] Doch nirgendwo sind sie so präsent und häufig wie im weiten Umfeld von Enger. Der Sage nach sollen es die Höfe gewesen sein, die in den sächsisch-fränkischen Kriegen Ende des 8. Jahrhunderts Herzog Widukind die Reiterei stellten.

---

[364] LINDAUER 1977b: 73-74.

[365] HARTWIG 1948: 120. Nur wenige sind aus dem Hochstift Paderborn bekannt (z. B. Schultenhof in Scharmede). Im Vest Recklinghausen sollen 1692 16 Höfe dazu gehört haben. Eine, wenn auch gefälschte, Urkunde aus dem Jahr 960 bestimmt, „daß der Bischof von keinem reisenden Richter, Herzog, Grafen, Untergrafen und Königsboten u. a. zur Gestellung von Pferden gezwungen werden kann". Dies weist darauf hin, dass es auch im Bereich des Bistums Osnabrück Sattelmeyerhöfe gegeben haben muss (ENGEL 1985: 106). In einer Urkunde vom 28.07.1003 wird diesbezüglich auch speziell Enger genannt (PHILIPPI 1892: 106).

Tabelle 1: Heute noch bekannte Sattelmeierhöfe.[366]

Name	Bauerschaft	heutiger Ort
Sehlhof	Altenmelle	Melle
Meyer zu Wetter	Wetter	Melle
Nordmeyer	Enger	Enger
Meyer-Johann	Oldinghausen	Enger
Ebmeyer	Oldinghausen	Enger
Barmeier	Westerenger	Enger
Ringstmeyer	Westerenger	Enger
Meyer zu Hücker	Hücker-Aschen	Spenge
Meyer zu Jöllenbeck	Oberjöllenbeck	Jöllenbeck
Meier zu Bargholz	Oberjöllenbeck	Jöllenbeck
Belzmeyer	Niederjöllenbeck	Jöllenbeck
Upmeyer zu Belzen	Niederjöllenbeck	Jöllenbeck
Meier zu Drewer	Theesen	Jöllenbeck
Meyer zu Köcker	Theesen	Jöllenbeck
Blackmeier	Vilsendorf	Jöllenbeck
Meier zu Eissen	Schildesche	Schildesche
Meyer zu Sudbrack	Schildesche	Schildesche
Halemeier	Schildesche	Schildesche
Meier zu Altenschildesche	Schildesche	Schildesche
Meyer zum Gottesberg	Isingdorf	Werther
Meier zu Rahden	Häger	Werther
Meyer zu Deppendorf	Niederdornberg	Dornberg
Mönkehof	Uerentrup	Dornberg
Meyer zu Hoberge	Hoberge	Dornberg
Meyer zu Müdehorst	Niederdornberg	Dornberg
Meyer zu Wendischhof	Niederdornberg	Dornberg
Meyer zu Olderdissen	Quelle	Brackwede
Meier zu Hollen	Hollen	Isselhorst

---

[366] Zusammengestellt nach A. A. 2024; BEZIRKSREGIERUNG MINDEN 1846; ENGEL 1981; HARTWIG 1948; LINDE 2011; MEYER o. J.; NIEMÖLLER 1927. Bei einer Registrierung stellte man 1737 im Amt Sparrenberg 41 Sattelmeyer fest (LINDE 2011: 153-154. Dazu gehörte vielleicht auch der Meyerhof zu Wetter („Wetterfreie von Westkilver") (MEYER o. J. 38).

Meyer zu Ehlentrup	Sieker	Stieghorst
Meier zu Sieker	Sieker	Stieghorst
Meier zu Hartlage	Sieker	Stieghorst
Meyer zu Selhausen	Lämershagen	Stieghorst
Meyer zu Wrachtrup	Lämershagen	Stieghorst
Meyer zu Ubbedissen	Ubbedissen	Stieghorst
Meier zu Bentrup	Brönninghausen	Heepen
Meier zu Stieghorst	Oldentrup	Heepen
Obermeyer zu Ditzen	Oldentrup	Heepen
Niedermeier zu Ditzen	Oldentrup	Heepen
Meier zu Lübrassen	Heepen	Heepen
Schelpmeier	Heepen	Heepen
Meyer zu Heepen	Heepen	Heepen
Meier zu Lübrassen	Heepen	Heepen
Meyer zu Bentrup	Heepen	Heepen
Pahmeier	Brake	Heepen
Meier zu Jerrendorf	Brake	Heepen
Brakmeier	Brake	Heepen
Meier zu Milse	Milse	Heepen
Upmeier	Währentrup	Oerlinghausen
Meier zu Döldissen	Bechterdissen	Leopoldshöhe
Meyer zu Schwabedissen	Bechterdissen	Leopoldshöhe
Meyer zu Flackmilse		Leopoldshöhe
Upmeyer		Leopoldshöhe
Meyer zu Eckendorf	Nienhagen	Leopoldshöhe
Meyer zu Hartum	Diebrock	Herford
Stedefreund	Stedefreund	Herford
Meyer Jost	Laar	Herford
Meyer Henrich	Laar	Herford
Meyer zu Bexten	Diebrock	Herford
Hof vom Stiftsberg	Stiftsberg	Herford[367]
Meier Arend	Herringhausen	Herford
Meier zu Hiddenhausen	Hiddenhausen	Hiddenhausen

[367] Der heutige Jugendhof im Vlotho wurde nach hier transloziert vom Stiftsberg Herford, Ulmenstraße.

Der Begriff „Sattelmeyer" wird in dieser Region in verschiedenen Formen wie Sattelmeier, Sadelhovers, Sadelhof, Saalhof und Selhof gebraucht. Es liegt auf dem ersten Blick nahe, die Bezeichnungen von Sattel (altsächsisch „sedil") abzuleiten, immerhin scheint ja die Stellung eines Pferdes die besondere Pflicht eines Sattelmeyers gewesen zu sein. Doch das scheint nur eine späte Erklärung zu sein, als man der Begriff sadel/sedil nicht mehr kannte.

Im Altsächsischen bedeuteten „sedil" bzw. „sadel" eine Ansiedlung, einen Sitz, und zwar im Sinne von einem Urhof i. S. von „Stammsitzhöfe".[368] Ein „selihof" bzw. ein altsächsisches „selihus" war eine Art übereignetes Gut, das der Landesherr seinen bedeutenderen Lehensträgern übertrug, also ein Edelsitz in Form eines steuer- und fronfreien Hofes.[369] Sala soll Belehnen bedeuten.[370] Als Sedelhof bezeichnete man noch im älteren Plattdeutschen ein Gut, dem die Gerichtsbarkeit über die unmittelbaren Zubehörungen zusteht und dem von dem Sallande Abgaben und Dienste geleistet werden, während er selbst von allen Diensten und Abgaben frei und keiner äußeren Gerichtsbarkeit unterworfen ist".[371] Sala ist nach Hartwig „abgeleitet von einem alten Zeitworte, das mit übergeben, belehnen übersetzt werden kann. Der Salhof war also ein Besitz, mit dem ein Fürst seine Getreuen belehnte".[372] Carl Noak übersetzte dies, ebenso wie schon Joseph Kehrein und später auch Eberhard Nellmann, mit „Herrensitz".[373] Im um 1080 entstandenen Annolied wird der Begriff „sedilhove"[374] auch als befestigter Ort verwendet.

---

[368] NIEMÖLLER 2927: 22; HARTWIG 1948; ABELS 1927: 71. In Enger gab es früher eine Quelle mit dem Namen „Seelborne" (HARTWIG 1948: 141). Später lag dort die Gaststätte „Zum Seelborn".

[369] HARTWIG 1948: 122-123. Das dazugehörige Land hieß „selilant" bzw. später „Sallant (KOBLER 2014).

[370] MEYER o. J.: 10.

[371] HARTWIG 1948: 122.

[372] HARTWIG 1948: 123. Rudolf Kötzschke sah im Sedelhof den „Wohnsitz eines Adligen".[372]

[373] NOAK 1883: 18; KEHREIN 1865: 75; NELLMANN 1975: 41; MEYER o. J.: 17.

[374] Kap. 30; KEHREIN 1865: 27.

Unter einem Selhof bzw. Sattelmeyerhof dürfen wir uns den Sitz eines sächsischen Kleinadeligen vorstellen.[375] Dies wurde in der Vergangenheit manchmal bestritten, doch ist mittlerweile recht klar, dass es sich um Urhöfe handelt, die zumindest schon in früher sächsischer Zeit bestanden haben.[376] Von einigen der Sattelmeyerhöfe wissen wir sicher, dass sie dem sächsischen Adel zugehörig waren, wie etwa der Wendischhof und der Hof Gottesberg, die Eigentum des sächsischen Adeligen Waltgers von Dornberg waren.[377] Einige Sattelmeyerhöfe hatten früh eigene Kapellen, wie z. B. die Meyer zu Gottesberg, Wendischhof, Mönkehof, Hoberge, Hücker, Hiddenhausen und Müdehorst, die nur von Adeligen gegründet werden konnten.[378]

Die Zeit ist an diesen sächsischen Sitzen des Kleinadels natürlich nicht gleichermaßen vorbeigegangen. Besonders die fränkische Eroberung dürfte tiefgreifende Veränderungen hervorgebracht haben. Wir wissen von einigen sächsischen Adeligen (z. B. Waltger von Dornberg), dass sie den Franken zugeneigt waren. Diese wird man seitens der Franken nicht so stark enteignet haben, wie scharfe Gegner. Insoweit konnten vielleicht einige Sattelmeyerhöfe ihre adelige Stellung halten. Andere sanken nach und nach vom sächsischen Adel zur Stellung als Sattelmeyer zurück, weitere wurden vielleicht ganz enteignet und durch fränkische Adelige ersetzt, die die erhaltenen Höfe im Laufe der Zeit in Burganlagen umwandelten. Wir dürfen daher die Sattelmeyerhöfe nicht über einen Kamm scheren. Doch lassen sich aus der späteren Stellung der Sattelmeyerhöfe, ihren Aufgaben und Rechten

---

[375] Dass die Sattelmeyerhöfe auf die sächsische Eroberung Westfalens zurückgehen und einstmals vorfränkische Edelsitze waren, wurde bereits früher vermutet (MEYER o. J.: 33-34). Andere halten sie für fränkische Gründungen, weitere sehen ihre Entstehung zu verschiedenen Zeiten (SCHÜTTLER 1986: 27). Mehrere Sattelmeierhöfe haben sog. „-inghausen"-Namen, die allgemein der sächsischen Zeit zugerechnet werden: Ringstmeyer (Rengstenchusen), Barmeyer (Berninchusen), Ebmeyer (Ebbingchusen), Meier Johann (Eggeringchusen) (SCHÜTTLER 1986: 31).

[376] Nach LINDE (2011: 163) handelte es sich bei den Sattelmeierhöfen „in fast allen Fällen um ehemalige Gutshöfe".[376]

[377] MEYER o. J.: 331.

[378] MEYER o. J.: 44, 304, 316.

doch einige Hinweise auf ihre einstige Funktion als Sitze des Kleinadels finden.

Der Überlieferung nach sollen sie in der Zeit der sächsisch-fränkischen Auseinandersetzungen am Ende des achten Jahrhunderts verpflichtet gewesen sein, Herzog Widukind jeweils einen Reiter mit Ausrüstung zu stellen. Diese Pflicht hielt sich bei vielen Höfen bis in die Neuzeit. Noch 1651 verlangte der Große Kurfürst, dass sich die Sattelmeyer mit Pferd und Reiter am bevorstehenden Krieg gegen Pfalz-Neuburg für Aufklärungs- und Nachrichtendienste in einer Dragonerkompanie zu beteiligen hätten.[379] 1727 findet sich in einem Steuerbuch der Regierung in Minden bei einigen Sattelmeyern in Enger die Bemerkung: „Hält dem Landesherrn ein Sattelpferd".[380] Über den Sattelmeyer Nordmeyer in Enger hieß es 1737: „Von seinem Vater und Großvater her wisse er, daß es vor uralten zeiten keine Kontribution gegeben habe. Erst 20 Jahre nachdem die Grafschaft Ravensberg an das Haus Brandenburg gefallen sei, wären sie zur Zahlung dieser Steuer verpflichtet worden." Früher sei der „Sattelmeyer gegen Stellung eines Mannes und Pferdes zu Kriegszeiten von allen anderen Lasten befreit" gewesen... Das gesattelte Pferd mit Reiter habe noch vor 100 Jahren sein Großvater gestellt, wie er dann zum Wahrzeichen auf seinem Hof einen ordentlichen Harnisch und eine Sturmhaube und Degen habe".[381] 1737 teilte der Amtsrat Meyer zu Heepen der preußischen Regierung über die Sattelmeyer mit: „Wenn der Landesherr kommt, müsse die Sattelmeyer den Pagen Reitpferde geben, den Truppen die Wege weisen. Auch wenn ein Offizier nötig habe, Briefe innerhalb und außerhalb des Landes zu befördern. Auch wenn ein Bediensteter einen Ausweis vorweise, müssen die Meyer ein Sattelpferd hergeben."[382]

Bis in die Neuzeit gab es für die Sattelmeyer im Raum Enger sogar eine besondere Begräbniszeremonie. Die Totenfeierlichkeiten in der Stiftkirche „wurden immer so vollzogen, als würde der Sachsenherzog selbst

---

[379] MEYER o. J.: 27.
[380] NIEMÖLLER 1927: 22.
[381] MEYER o. J.: 29; HARTWIG 1948: 121.
[382] MEYER o. J.: 29.

bestattet".[383] Dabei war das Pferd des Sattelmeyers anwesend, das beim Trauerzug noch vor den Trauernden als erstes hinter dem Sarg ging. In einem Text aus dem 18. Jahrhundert heisst es: „Bei den Sattelmeiern aber pflegt, wenn der Vater stirbt, der Sohn das beste Pferd... gestalt dann bei der Aufschreibung der Nachlassenschaft der Sohn sein Sattelmeierhabit, den Degen, Harnisch und Helm anzulegen, die Pistole zu nehmen, sich auf das Pferd zu setzen, um die Wrechte (Grenze) zu reiten, sodann das Pferd in einen besonderen Stall zu ziehen."[384]

Die Sattelmeyer hoben sich auch ansonsten von den übrigen Höfen ab. Einerseits handelte es sich um ansehnliche Höfe, die sich durch ihre besondere Flächengröße von den übrigen Höfen der jeweiligen Bauerschaft abhoben.[385] Weiterhin waren viele frei vom Zehnten und hatten aus Gewohnheitsrecht steuerliche Freiheiten. 1737 schrieb der Rat Culemann: „Die Sattelmeyer der Vogtey Enger allegieren nun eine vor hingemessene völlige Steuerfreiheit, können aber dasselbe mit nicht nachweisen machen".[386] Dazu kam, dass sie auch in späterer Zeit noch viele Rechte besaßen, wie das Fischerei-, Jagd-, Holz- (z. B. Meyer zum Gottesberge[387]) und Torfstechrecht. Die Freiheit des Sattelmeyer bestand „vor der Werbung zu anderen Kriegsdiensten".[388]

---

[383] "War man bei der Stiftskirche angekommen, so wurde der Sarg von den Meierköttern unter Geläut vom Wagen gehoben und einmal um die Kirche getragen und dann neben der Tumba von Wittekind auf dem Chore der Kirche abgesetzt, als wolle sich der Verstorbene zum letztenmal von seinem Herzog verabschieden. Das Sattelpferd schaute durch die offene Kirchentür zu und hustete, wenn es dämpfig war. Mancher hörte dann bei der Predigt in sich hinein und stellte befriedigt fest: 'Hei lewet noch!'" Internetportal „Westfälische Geschichte": Desktop/Internet-Portal%20_Westfälische%20Geschichte_%20_%20Enger_%20Begräbniszeremonie%20der%20Sattelmeier.html.

[384] WOLBRINK 1948: 164.

[385] Da sie manchmal in Randlage der Siedlungen lagen, wurden sie fälschlicherweise oft als späte fränkische Gründungen angesehen.

[386] MEYER o. J.: 30.

[387] MEYER o. J.: 310.

[388] MEYER o. J.: 31.

Verschiedene Sattelmeyer waren auch noch bis in die Neuzeit an der Ausübung der Gerichtsbarkeit beteiligt.[389] So hatte der Sattelmeyer des Hofes Nordmeyer das Amt des Erbrichters inne.[390] Meyer zu Bexten durfte den Gografen am Gogericht bei Biemsen in sein Amt einführen.[391] Andere hatten nur noch Anteil an der Vollstreckung von Strafen und waren etwa für die Unterhaltung von Pranger und Galgen zuständig, wie der Meyer zu Altenmelle.[392]

Die Lehensträger der Sattelmeyerhöfe gehörten stets zur großbäuerlichen Schicht und teilweise verschwammen die Grenzen zwischen Bauer und Adeligen. In einer Urkunde der Abtei Herford aus dem Jahr 1224 wird ein Villicus Ernestus von Godesberge zusammen mit mehreren Adeligen als Zeuge aufgeführt, was auf eine Ranggleichheit deutet.[393] 1284 wurde der Sattelmeyer Gerhard zu Hiddenhausen mit seinen Kindern in den Ministerialenstand der Abtei Herford aufgenommen.[394] Die Sattelmeyer zu Hücker trugen im 14. und 15. Jahrhundert noch das Adelsprädikat von Hücker.[395] Aus Prozessakten der Jahre 1724-1726 geht hervor, „dass die Sattelmeyer zusammen mit den Rittern aufgeführt wurden".[396] Und in einem Protokoll aus dem Jahr 1822 wird der Sattelmeyer „Herr", und nicht wie sonst bei Bauern üblich „Colon" genannt, was „vom besonderen Ansehen" der Sattelmeier zeuge."[397] Einige Sattelmeyer führten eigene Wappen, auch wenn diese erst spät in die Wappenrolle eingetragen wurden.[398]

Schauen wir in die Tabelle der heute bekannten Sattelmeyerhöfe, so finden wir eine Anzahl von 61. Dies wird nicht der Anzahl im 8. Jahrhundert entsprochen haben. Bei einigen wird die Überlieferung fehlen, bei anderen ist nicht auszuschließen, dass sich aus ihnen später kleinere Burganlagen entwickelten. Vielleicht entstanden so schon früh Vorläufer der kleinen

---

[389] www.hücker-aschen.de/Sattelmeierhof/sattelmeierhof.html.
[390] MEYER, o. J.: 323.
[391] MEYER o. J.: 10.
[392] LINDE 2011: 168.
[393] MEYER o. J.: 63.
[394] MEYER o. J.: 304.
[395] MEYER o. J: 316-317.
[396] MEYER o. J.: 27.
[397] LINDE 2011: 158.
[398] MEYER o. J.: 72-73, 229, 323.

Adelssitze Ohusen unterhalb von Hoyel[399], Brincke, Sondermühlen, Wallenbrück, Königsbrück und Aschen; wir haben darüber keine Berichte. Aus der frühen Neuzeit sind jedoch solche Fälle bekannt; so wurden 1606 der Sattelmeierhof Stedefreund und 1624 der Sattelmeierhof Deppendorf zum Rittergut erhoben.[400]

Nehmen wir solche Verluste an, können wir vielleicht von ursprünglich etwa 100 Sattelmeyerhöfen ausgehen. Diese Zahl ist nicht willkürlich. Tacitus berichtete schon in der Germania, dass man in jedem Gau der Germanen Hundertschaften des Jungvolkes vor dem Kampfverband aufstellt.[401] Das könnte darauf hinweisen, dass man vielleicht grundsätzlich die Truppen in Hundertschaften einteilte. Als Schöffen auf dem Ting wurden ebenfalls einhundert Personen bestimmt.[402] Vielleicht hatte ein frühsächsisches Herrschaftsgebiet auch 100 Selhöfe des Kleinadels, die die Reiterei des Gaufürsten stellten. Hundert Reiter klingt heute nicht viel, doch für die damalige Zeit war es ein mächtiges Heer. In den Gesetzen des Ine von Wessex wurden bis zu 7 Mann als Räuber, bis 35 Mann als Bande und alles darüber bereits als Heer bezeichnet.[403]

Wer waren nun eigentlich Ekke und Fasold? Aus der Thidrekssage wissen wir, dass Ekke der Bräutigam der Frau des verstorbenen Königs Drocian war. Es scheint sich also um den ehemaligen Herrscher des Gebietes gehandelt zu haben, den Gaufürsten. Wenn Ekke nun mit dessen Frau verlobt war, so muss er selbst dem Adel angehört haben. Und da auch sein Bruder Fasold in der Nähe anzutreffen war, scheinen beide nicht aus einem anderen Gau zu stammen, sondern dem lokalen Adel anzugehören. Die beiden waren damit vielleicht die Vorsteher eines Selhofes.

---

[399] HEIMAT- UND VERKEHRSVEREIN RIEMSLOH 1997: 6.

[400] LINDE 2011: 170.

[401] TACITUS 1977: 19. Josef Lindauer schrieb: „Eine solche Hundertschaft war wohl der von etwa 100 oder 120 (Großhundert) benachbarten Sippen eines mehr oder weniger großen Gaugebietes gestellte Truppenverband." (LINDAUER 1977a: 95).

[402] TACITUS 1977: 27.

[403] CAPELLE 1998: 95.

Nun lassen sich die Verhältnisse des achten Jahrhunderts nicht in vollem Umfang auf das fünfte Jahrhundert übertragen. Doch könnte ein Großteil der Sitze des sächsischen Kleinadels über lange Zeit Bestand gehabt haben. Unter einer solchen Annahme läge es nahe, in den in der Thidrekssage genannten Orten Aldinsaela, Aldinflis und Drekanflis frühe Selhöfe, also Sattelmeyerhöfe, zu sehen. Ins Auge springt dies direkt hinsichtlich Aldinsaela.

Zur Lokalisation Aldinsaelas wurde die niederländische Stadt Oldenzaal angenommen, die im Mittelalter tatsächlich „Aldensele" bzw. „Aldensela" genannt wurde.[404] Ebenso stand Ohlenselen bei Uchte im Fokus, das 1244 „Aldensele" hieß.[405] Man sieht hier schon, dass der Ortsname nicht selten ist und noch mehrfach in Norddeutschland auftritt. Er scheint vermutlich eine Bedeutung zu haben, die im Lebensumfeld der damaligen Menschen eine besondere Bewandtnis hatte. Geht man davon aus, dass der Begriff Selhof nicht nur im Gau um Enger Relevanz hatte, sondern eine gesamtsächsische Bezeichnung war, ist die weite Verbreitung verständlich.

Das für die Thidrekssage schließlich relevante Aldinsaela lokalisierte Heinz Ritter bei Melle-Altenmelle. Auch wenn er annahm, dass sich saela von Saal, Halle, Haus, Hof, Herberge, Wohnstätte, Heim, Unterkunft, Tempel ableiten lasse (as. seli, norw. sal, nnl. zaal, ae. sæl, anord. salr. seli).[406] Tatsächlich ist hier aber wohl kein normaler Bauernhof mit seiner Tenne gemeint, sondern ein Selhof, ein Sattelmeyerhof. Einen solchen Hof gibt es in Altenmelle tatsächlich.

---

[404] BLOK et al. 1988.
[405] FÖRSTEMANN 1913: 592; WREDE 1975-80, OOSTEBRINK 2017: 59.
[406] KOBLER 2014; PFEIFER 1993, 2018: 1153.

Seite aus der Handschrift der Thidrekssage mit Nennung der Orte Aldinsela und Rimslo.

Die Gerichtslinde in Altenmelle im Jahr 2024.

Der Namensbestandteil Aldin kann nur auf dem ersten Blick von „alt"
abgeleitet werden (germ. alda, as. ald. mhd. alt).[407] Doch kann er insoweit
nicht ursprünglich gewesen sein. Denn eine Bezeichnung Altenmelle könnte
bei dieser Interpretation erst aufgekommen sein, nachdem im 8.
Jahrhundert nördlich des Urortes von den Franken der neue Ort Melle mit
seiner Burg (Grönenberg) gegründet worden war. Aldin macht daher in einer
Bedeutung „alt" für das 5. Jahrhundert keinen Sinn. Die früheste urkundliche
Nennung stammt aus dem Jahr 1186 als „Oldenmelle".[408]

Melle leitet sich von indogermanische „Mallum", das Mal, ab. Hier muss es
also eine besondere Markierung gegeben haben. Und die galt sicher nicht
für lediglich einen Selhof. Die Besonderheit Altenmelles war aber, dass hier
der bedeutendste Ting- und Gerichtsplatz der Region lag. Noch heute ist er
durch seine alte Gerichtslinde gekennzeichnet. Hier fanden bis Ende des 18.
Jahrhunderts noch Hinrichtungen statt, bei denen der Meyer zu Altenmelle
vom Selhof aus den Richtplatz zu sichern hatte.

Da der Begriff „Aldin" schon in der Thidrekssage auftritt, kann er weder für
den Ort noch den Hof noch den Richtplatz als „alt" gedeutet werden.
Interessant ist vielmehr eine Verbindung zu „aldio, aldionalis", was Krieger,
Halbfreier (germ. *aldi-, *aldiz) meint bzw. „aldionaria*" für den Sitz eines
Halbfreien.[409] Dies passt ausgezeichnet zur Stellung der Sattelmeyer. Sie
waren zwar Freie und Krieger, aber dem Gaufürsten zu Diensten. Aldin in
Aldinsaela und Aldinflis kann also darauf hinweisen, dass es sich in beiden
Fällen um den Sitz eines dem Gaufürsten untertänigen Kleinadeligen
handelte. Aldinsaela wäre also nichts anders als die Bezeichnung für einen
Ort, an dem ein Kleinadeliger auf einem Selhof residierte. Und er war
dadurch hervorgehoben, dass hier ein wichtiger Ting- bzw. Gerichtsplatz
lag. Wollten Didrik und Fasold ihr Freundschaftsversprechen besiegeln, gab
es keinen besseren Ort als hier den Treueschwur beim für den Tingplatz
zuständigen Adeligen des Selhofes zu tätigen. Heinz Ritter dürfte daher mit
seiner Lokalisation richtig gelegen haben.

---

[407] KOBLER 2014; PFEIFER 2018: 31.
[408] ZEHM & PLAß 2024: 65.
[409] KOBLER 2014.

Zur Klärung der Frage, wo denn nun die Burgen Drekanflis und Aldinflis lagen, ist erst einmal zu klären, wie denn im 5. Jahrhundert eine Burg bzw. ein Selhof ausgesehen hat. Schauen wir uns dazu die Burgen in dieser Gegend an.

Im weiteren Umfeld des Riemslohwaldes sind eine Reihe von Wallburgen bekannt. Zu nennen sind eisenzeitliche Wallanlagen, wie die Schnippenburg bei Ostercappeln (7. bis 1. Jhd. v. Chr.), die Babilonie bei Lübbecke[410], die Dehmer Burg bei Bad Oeynhausen, die Dietrichsburg bei Melle, die Hünenburg bei Dornberg und die Wittekindsburg bei Porta Westfalica. Die Nutzung dieser Burgen endete meist mit der Römischen Kaiserzeit.[411] Lediglich in der Babilonie wurde wenig Keramik des 5. bis 7. Jahrhunderts und in der Dehmer Burg Holzkohle des 3. bis 7. Jahrhunderts gefunden. Während des 4. und 5. Jahrhunderts findet aber praktisch keine Nutzung dieser verfallenen Areale statt. Erst nach der fränkischen Eroberung Sachsens erfolgen erneut zeitweise Nutzungen oder kirchliche Einbauten (Wittekindsburg). Diese Wallburgen können in der Thidrekssage somit nicht gemeint sein.

Eine Burgenbauperiode setzt dann erst wieder mit den Franken ein, die u. a. die große Wittekindsburg bei Rulle anlegten. Die meisten sonstigen Burgen entstanden seit der ottonischen Zeit bzw. dem Hochmittelalter, ohne dass Hinweise auf Vorgängerbauten vorliegen (u. a. Ravensburg, Tecklenburg, die Bardenburg bei Georgmarienhütte, die Burgen Vlotho, Limberg und Holte). Auf drei Burgen soll hier näher eingegangen werden, da sie immer wieder mit der Thidrekssage in Verbindung gebracht werden.

Die Hünenburg bei Riemsloh (1785 „Honerburg"[412]) liegt etwa einen Kilometer östlich des Kirchortes in der Nähe der alten Heerstraße von Enger nach Osnabrück. Zu sehen sind heute noch bis acht Meter Höhe aufragende Wälle im Zwickel zweier Bäche. Die Südwestseite ist durch einen 2 m hohen und 4–6 m breiten Wall gesichert, dem ein bis 10 m breiter und 1,5 m tiefer

---

[410] Der Name „Babilonie" soll auf „baben" für oben und lo für Wald zurückgehen (MEYER-LÜBBECKE 1953: 46).

[411] Der Vorrömischen Eisenzeit dürfte auch die 2,5 Hektar umfassende Wittekindsburg (Wieksburg) bei Ueffeln im Gehn zuzurechnen sein (SCHLÜTER 2000b: 278).

[412] JELLINGHAUS 1904a: 279.

Trockengraben vorgesetzt ist. Die ovale Hauptburg hat eine Größe von 45 x 70 Metern[413] und ihr ist eine rechteckige Vorburg von 40 x 96 Metern[414] vorgelagert (Gesamtflächeninhalt 3 1/5 Hektar).[415]

Natürlich haben verschiedene Autoren hier die Burg Ekkes vermutet. Hierfür fehlen jedoch jegliche Beweise. Im Gegenteil wird die Anlage aufgrund ihrer Größe und des Fundes von Keramikresten auf das 9. bis 11. Jahrhundert datiert[416] und wie Haus Kilver und Haus Königsbrück in der Nähe zu den fränkischen „Königshöfen" gezählt; andere sehen eine noch spätere Entstehung.[417] Vermutlich war es die Burg der nachgewiesenen Herren von Riemsloh.[418] Das noch 1785 zum Gut Bruchmühlen gehörende Areal war spätestens seit dem 16. Jahrhundert aufgegeben.[419] 1507 soll der Chor der Kirche in Riemsloh aus Steinen der Hünenburg gebaut worden sein.[420] Um 1880 berichtete der damals achtzigjährige Landmann Biewener aus Hoyel, er und andere Bauern hätten früher zu Bauten Fuhren von Steinen aus der Hünenburg genommen.[421] Insgesamt betrachtet kann es sich bei der aus

---

[413] LAUER & SCHLÜTER 2000: 394.

[414] LAUER & SCHLÜTER 2000: 394.

[415] HEIMAT- UND VERKEHRSVEREIN RIEMSLOH 1997: 14. Die Zuordnung eines nördlich des Burgareals liegenden durch einen Graben gekennzeichneten Hügels als zweite Burg (LAUER & SCHLÜTER 2000: 395) ist völlige Vermutung. In dem Heft „Archäologische Denkmäler und Funde im Landkreis Osnabrück heißt es: „Bemerkenswert ist an dieser Burg, daß sie aus einer älteren mehrteiligen Wallanlage besteht, und einem davor räumlich getrennten jüngeren sogenannten Wohnhügel. Darauf muß früher ein einzelnes gut befestigtes Gebäude gestanden haben" (PETERS & SCHLÜTER 1979: 52-53.). Doch weder muss es sich um einen Wohnhügel handeln, noch liegenden irgendwelche Hinweise auf eine Bebauung, noch eine zeitliche Zuordnung vor. Hier geht manchmal selbst anerkannten Wissenschaftlern die Fantasie durch. Dies trifft u. a. auf HARTMANN (1890: 26) zu, der die Hünenburg bei Riemsloh für einen altsächsichen Adelssitz hielt.

[416] LAUER & SCHLÜTER 2000: 396.

[417] WANDHOFF 1987: 43.

[418] LAUER & SCHLÜTER 2000: 396.

[419] SCHULHOF 1908: 156; HEIMAT- UND VERKEHRSVEREIN RIEMSLOH 1997: 14.

[420] HEIMAT- UND VERKEHRSVEREIN RIEMSLOH 1997: 7.

[421] SCHULHOF 1908: 156; JELLINGHAUS 1904: 280. Friedrich Müller von Sondermühlen berichtete für das Jahr 1847 über den Fund von Münzen und

Stein errichteten Hünenburg nicht um eine der in der Thidrekssage genannten Burgen handeln.

Die Diedrichsburg bietet immerhin einen bemerkenswerten Namensbezug. Sie liegt am Rande einer vorgeschichtlichen Siedlungskammer bei Melle-Oldendorf und wird vorsichtig der Vorrömischen Eisenzeit zugeordnet.[422] Die eigentliche Anlage ist heute nur noch durch ein paar Wälle um eine Fläche von etwa 3,4 Hektar erkennbar. Ein Wall von 200 Metern Länge deutet eine ovale Form an. Ursprünglich war zumindest in Teilen eine Trockenmauer mit Wallhinterschüttung vorhanden.[423] 1844 wurde hier durch den Freiherrn Ernst von Vincke ein 26 Meter hohes neogotisches Turmgebäude errichtet.[424] Anlass war die zu dieser Zeit beliebte Burgenromantik, die ein verklärtes Bild vom Leben im Mittelalter verbreitete. Nachdem die Bauarbeiten beendet waren, wurde die Burg zu einem Ziel für Ausflüge. 1963 wurde drumherum ein Wildpark auf 200 Hektar[425] angelegt. Bei der Errichtung der heutigen Dietrichsburg fand man 1844 „angebrannte Mauerreste, eine Speerspitze aus Feuerstein und eine Spinnrockenkugel".[426] Später gefundene verkohlte Getreidekörner wurden mit der C14-Methode auf 291 (+/- 60) v. Chr. datiert.[427] All dies passt zu einer vorrömischen Nutzung und Behauptungen, dass die Diedrichsburg dem Frühmittelalter zugeordnet werden könne, mangeln jeglichen Beweises.[428] „Die kühnste Behauptung geht dahin, daß die Diedrichsburg die alte Teutoburg gewesen sein soll, welche in der Ortsbestimmung der Varusschlacht eine so bedeutende Rolle spielt."[429]

Estrichboden unter der Erde (WANDHOFF 1987: 43.). Und der um 1800 geborene Landmann Biewehner aus Hoyel soll ausgesagt haben, „er und andere Bauern hätten früher zu Bauten Fuhren von Steinen aus der Hünenburg genommen" (JELLINGHAUS 1904a: 279).

[422] BRATHER et al. 2010; SCHLÜTER 2000a: 115-116.

[423] ZEHM 2023: 29; SCHLÜTER 2000a: 115-116.

[424] KNIGGE 2004: 175.

[425] KNIGGE 2004: 175.

[426] KNIGGE 2004: 175.

[427] ZEHM 2023: 30.

[428] PETERS & SCHLÜTER 1979b: 57; ZEHM 2020: 48.

[429] SCHULHOF 1908: 99.

Mit Fantasien begann schon die frühe Beschäftigung mit der Burg. Über die Diedrichsburg gibt es Erzählungen, die zumeist auf Justus Möser zurückgehen. Danach stammt ihr Name von einem Urenkel Widukinds, dem Grafen Dietrich von Ringelheim, der hier gewohnt habe.[430] Seine Tochter, die spätere Königin Mathilde sei 892 auf der Burg geboren und habe hier ihre Kindheitstage verbracht, bevor sie ins Kloster Herford wechselte und dann Ehefrau König Heinrichs I wurde.[431] Tatsächlich ist all das nicht beweisbar und entsprang wohl eher den Wunschvorstellungen Justus Mösers. Insgesamt gesehen hat die Diedrichsburg nichts mit der Thidrekssage zu tun und es kann sich bei ihr weder um Burg Drekanflis noch Aldinflis gehandelt haben.

Es wurde bereits darauf hingewiesen, dass auch eine Verbindung der Thidrekssage zur Burg Limberg eine neuzeitliche Erfindung ist. Es handelt sich um eine zum Beginn des 12. Jahrhunderts begonnene Höhenburg, von der heute noch der Turm, Mauerreste und Wälle erhalten sind. Auch diese Burg hat mit der Thidrekssage nichts zu tun.

Von sächsischen Burgen hören wir auch erstmals etwas im 8. Jahrhundert während der Kriege mit Karl dem Großen, u. a. die Eresburg bei Marsberg, die Iburg bei Bad Driburg, die Hohensyburg bei Dortmund, Altencelle bei Celle, die Stellerburg in Dithmarschen und Burg Stöttinghausen bei Bremen.[432] Eine Burganlage des frühen Mittelalters ist im Kreis Osnabrück nirgends bekannt.[433] Von den 146 für den Kreis Osnabrück ermittelten Burgen sind drei der Vorrömischen Eisenzeit zuzurechnen, alle anderen erst ab dem 8. Jahrhundert, meist sogar viel später.[434] Dies gilt ebenso für das Herforder Land.

---

[430] BRUCH 1965: 173; SCHULHOF 1908: 156.

[431] WANDHOFF 1987: 42; SCHULHOF 1908: 99; KNIGGE 2004: 175; HARTMANN 1864: 30.

[432] CAPELLE 1998: 138.

[433] CAPELLE (1998: 18) schrieb: „im gesamten nordwestdeutschen Raum gibt sich die Bevölkerung der ersten Jahrtausendhälfte nicht gerade als Burgenbauer zu erkennen".

[434] ELLERMANN, N. & MACHTEMES, U. 2000: 279-291.

Wie müssen wir uns überhaupt Burgen des 5. Jahrhunderts im niedersächsisch-westfälischen Raum vorstellen? Daran zu denken ist, dass die norddeutsche Bevölkerung aufgrund der Abwanderungen über den Rhein und nach England zurückgegangen war. An eine Nutzung der alten Wallburgen oder die Errichtung steinerner Höhenburgen war daher gar nicht zu denken. Die eigentliche Waffe der Zeit war auch nicht eine Befestigung, sondern Können und Geschicklichkeit eines erfahrenen Kämpfers. Man sieht das daran, dass sich die Ritter in der Thidrekssage nicht in ihren Burgen verschanzen, sondern als einzelne Kämpfer herausreiten und einen Zweikampf führen. Insoweit müssen wir Abstand davon nehmen, uns die Burgen dieser Zeit als besondere Befestigungsanlagen vorzustellen. Für solche gibt es keinerlei archäologische Funde, nicht einmal kleinere Wallanlagen oder Gräften.

Eine Burg wird sich in dieser frühen Zeit daher kaum von einem normalen Bauernhof unterschieden haben. Vielleicht waren die Gebäude etwas größer oder es gab mehr Speicher und Stallungen, vielleicht war der Hof mit hölzernen Brettern oder mit aus geflochten Weiden- und Haselnussästen erstellten Zaunmatten umgeben, mehr kann es wohl aber nicht gewesen sein. Burgen waren normale Hofanlagen, die von einem Kämpfer bewohnt und bewirtschaftet wurden und der vielleicht über ein mehr oder weniger großes Gebiet zu bestimmen hatte. Burgen des 5. Jahrhunderts zeichneten sich nicht durch besondere fortifikatorische Architektur aus, sondern durch die Stellung seines Bewohners und Eigentümers.[435]

Es gilt wohl für das 5. Jahrhundert nicht weniger als das, was Petri bereits 1930 zu den Burgen des 8. Jahrhunderts schrieb: „Das meiste an den Fliehburgen der Sachsen und ihres Anführers waren Rasen- und Erdhaufen, durch Verhacke und Verhaue gefestigt und durch starkes Zaunwerk erhöht."[436]

---

[435] Hofareale waren generell eingezäunt, wie viele Ausgrabungen belegen konnten (CAPELLE 1998: 20, 27 110).

[436] PETRI 1929/30.

Verkleinerter Nachbau eines eisenzeitlichen Wohnhauses und eines Speichers in Venne-Darpvenne.

In der Thidrekssage wird die Endung „Flis" im Zusammenhang mit Didriks Ritt zum Osning für die Burgen „Aldinflis" und Drekanflis" verwendet. Sie kommt heute in Ortsnamen nicht mehr vor.[437] Da nur diese beiden Burgen in der Thidrekssage diese Endung besitzen, kann es sich um eine regionale Benennungsform handeln. Heute gibt es in der weiteren Umgebung des Riemslohwaldes allerdings keine Örtlichkeit mit einem solchen Namen. Dies wirft die Frage auf, ob die Endung überhaupt mit zum Ortsnamen gehört oder sie nur eine besondere Art der Örtlichkeit kennzeichnet.

Dass -flis/-fils nicht Felsen meinen kann, hat bereits Heinz Ritter richtig festgestellt, da offenliegendes Gestein als „Stein" bezeichnet wurde.[438] Eine Ableitung von altsächsisch „fila" (Feile, feilen, glätten, meißeln, blank machen)[.439] scheidet wohl ebenso aus, wie eine Zuschreibung als Kultplatz, wie Mauch dieses ins Spiel brachte.[440] Eher denkbar sind Verbindungen zu „*filiwa" als von Weiden gesäumter Fluss bzw. als Fließgewässer im Allgemeinen.[441] Besonders in Süddeutschenland werden Moore als Filz bezeichnet, da gerade die Torfmoose ein miteinander verfilztes Pflanzengemenge darstellen und so eine sprachliche Nähe zu „Filz, filzen, grobe Wolle, grobes Tuch, Flechtwerk" besteht;[442] in Nordwestdeutschland kommen solche Bezeichnungen für Moore, Sümpfe etc. allerdings nicht vor.

Interessant ist stattdessen eine mögliche Verbindung zu „fillen", was schlagen, geißeln, züchtigen, schinden, Haut abziehen, abhäuten bedeutet[443] und dem alten Begriff „filu" für sehr groß, außerordentlich, stark.[444] Dazu gibt es Hinweise auf ein althochdeutsches Verb „flizan", das „kämpfen, streiten" bedeutet (altsächsisch „flitan")[445], das abgewandelt zur Benennung von Burgen passen würde. Haben wir es daher bei „-flis/-fils) vielleicht mit einer lokalen Bezeichnung für einen befestigten, d. h. mit Flechtzäunen umgebenen Hof eines Kämpfers zu tun? Dann würde sich der

---

[437] Von ganz seltenen Ausnahmen abgesehen, wie Burg Altenfils.

[438] RITTER 1980: 10; PFEIFER 1993.

[439] PFEIFER 2018: 333; KOBLER 2014.

[440] MAUCH 2003/2004.

[441] FÖRSTEMANN 1913: 551; MAUCH 2003/2004.

[442] KOBLER 2014, PFEIFER 2018: 343, 1993.

[443] KOBLER 2014.

[444] KOBLER 2014.

[445] PFEIFER 2018: 354.

Ortsname in der Überlieferung eventuell ohne die Zuschreibung Burg erhalten. Wir müssten dann nach den Orten Drekan und Aldin suchen.

Die früher primär verwendete Form Drekanfils für die Burg Drekanflis der Thidrekssage führte schon früh zu einer Gleichsetzung mit dem Drachenfels am Rhein[446] Ritter nahm an, der Name bedeute „Drachendickicht" bzw. „Drachengrund"[447] Andere sahen eine Verbindung mit „Schmutz, Dreck, dreckig"[448] bzw, der Zahl drei.[449] Doch in den Handschriften A und B heißt dieser Burgort „Drekanfil".[450]

Die Übersetzung der Svava durch Heinz Ritter ist leider an vielen Stellen sehr unsauber. Er übersetzte hinsichtlich Didriks Erreichen des Osning: „...kam er an einen <u>Berg</u>wald, der Osning heißt. Dort lag ein Schloß nahebei, welches Drekanfils hieß."[451] Legt man stattdessen den frühesten Druck der Sage, nämlich die „Wilkina Saga eller historien om Konung Thiderich af Bern og hans kæmpar samt Niflunga Sagan" von Johannes Peringskiold aus dem Jahre 1715 zugrunde[452], so wäre besser zu übersetzen: „...kam er an einen Wald, der Osning heißt, und da bei diesem Wald gab es am Abend eine Nachtung/Herberge. Gleichzeitig hörte er die Nachricht, dass auf der anderen Seite dieses Waldes eine Burg/Stadt sei, die Drekanflis heißt."[453]

---

[446] Interessant ist, dass es in Salzkotten am Hellweg Reste von zwei Burgen gibt, die nördliche „Dreckburg" und etwa einen Kilometer südwestlich die „Vielser Burg" am Vielser Bach. Zusammen könnten ihre Namen auf „Drekanfils" zurückgehen, doch wurden diese Burgen erst im 13. und 14. Jahrhundert gegründet. Vielsen selbst wird erstmals 1036 als Vilese erwähnt (HOMBERG 1975). Geographisch passt Vielsen nicht in den Rahmen der Burg Drekanflis. WEINAND (2024) und OOSTEBRINK (2024)) sehen hier einen Zusammenhang mit der „Vilcina Burg" der Thidrekssage. Der Name des Ortes Filsen am Mittelrhein (1276 Vilzene) wird vom lateinischen „Villa", also „Landgut" abgeleitet (KNICHEL 2001).

[447] RITTER 1989a: 363.

[448] PFEIFER 1993, 2018: 242.

[449] PFEIFER 2018: 242.

[450] A 35v: "borg er heitir Drekanfil", B 57r.

[451] RITTER 1989a: 91.

[452] PERINGSKIOLD 1715: 108.

[453] „...han kom til en skog som heter Osning, tagandes sig brede wid then samma skogen härberge om qwällen. Dersammastädes fick han höra the tidender, at

Und dies beschreibt die geographische bzw. topographische Lage wesentlich besser als schmales Kettengebirge, auf dessen anderer Seite die Burg lag. Wir müssen Burg Drekanflis daher an der Nordostseite des Osning suchen, und zwar zwischen Osning und Riemslohwald.

Eine Verbindung mit einer Herberge beim Kreuzkrug bei Oesterholz, wie sie Heinz Ritter gezogen hatte, ist im Übrigen eine völlig aus den Haaren gezogene Erfindung. Ein lippisches Privileg zeugt von der erstmaligen Errichtung dieses Kruges im Jahr 1706. Es muss nicht einmal eine Herberge gewesen sein, in der Didrik die Nacht vollbrachte. Man kann den Text auch so interpretieren, dass er halt irgendwo im Wald übernachtet hat.

Nun gibt es tatsächlich einen Ort, der dem Namen Drekan sehr nahekommt, der Ort Dreyen. Dreyen wird erstmals 1151 als „Treine", 1238 als „Threyne" und 1250 als „Dreine" erwähnt.[454] Der Name leitet sich nicht vom Zahlwort drei ab, sondern soll auf Germanisch „*thragjan" mit der Bedeutung Laufen bzw. Personennamen wie „Dregil" oder „Drago" zurückgehen;[455] interessant ist die Nähe zum Namen Drocian. Möglich gehalten wird auch eine Herkunft aus germanisch „*drag-ina" bzw. „*dreg-ina" (ziehen, tragen, am Boden schleifen).[456] Ein früherer Name Drekan ist somit nicht ausgeschlossen. Dreyen liegt etwa vier Kilometer nordwestlich von Enger an der auch durch Riemsloh führenden Heerstraße von Herford nach Osnabrück. Der frühere Meierhof zu Dreyen war abgabepflichtig an die Kirche zu Enger sowie St. Johann und dem Dionysiusstift in Herford.[457] Es bestand immer eine enge Verbindung nach Enger, das im 8. Jahrhundert als Sitz des Herzoges

---

på andra sidan on skogen war en stad benämt Drekanflis." bzw: „...kom at skogi einum er heitir Osning, oc tok thar gifting um kvolldid vid skoginn. Thar spyr hann thau tidendi, at adro meginn skogins stendur ein borg, er heitir Drekanflis."

[454] ENGEL 1985: 185-187; MEINEKE 2011: 69. Der Hof Dreeke bei Jöllenbeck kommt wohl nicht in Betracht, da sich der Name vermutlich von „to der Eke" ableitet (ENGEL 1985: 261-262).

[455] MEINEKE 2011: 69.

[456] MEINEKE 2011: 69-70.

[457] BEZIRKSREGIERUNG MINDEN 1846.

Widukind besondere Bedeutung erfahren sollte.[458] Insoweit kann nicht ausgeschlossen werden, dass Dreyen im 5. Jahrhundert Vorgängersitz der später mächtigen Fürsten aus dem Herzogsgeschlecht war. Drocian wäre dann also der mächtige Fürst des Graingaus gewesen, der von seinem Sitz in Dreyen herrschte.

Legen wir Dreyen als Sitz Drocians und seiner Burg zugrunde, ergäbe sich folgender Weg Didriks. Dieser zog irgendwo in der Gegend Dornberg, Werther, Borgholzhausen über den Osning und Ritt zur Burg in Dreyen, wo der erste Kampf stattfand. Dann erfolgte in der Nähe der Kampf mit Fasold. Beide ritten über einen möglichen Vorläufer der Straße Herford-Osnabrück bis Aldinsaela bei Melle-Altenmelle. Altenmelle war eine altsächsische Bauernschaft, wo es eine Gerichtsstätte sowie einen Hinrichtungsplatz am Seelhofe gab.[459] Der dortige Sattelmeyer hatte noch Ende des 18. Jahrhunderts Befugnisse bei der Rechtsausübung. Ritters Deutung, dass die beiden Ritter hier ihren Eid öffentlich machen wollten, kann somit durchaus seine Berechtigung haben.[460]

Nördlich von Altenmelle gab es beim heutigen Melle eine Furt über die Else, da sich hier der Kohlbrink genannte Hügel weit in die sumpfige Elseniederung erstreckte und „kleine Sandinseln im trockenen Sommer das Elsetal passierbar machten".[461] Didrik und Fasold mussten diese Furt jedoch nicht queren. Sie wandten sich stattdessen ostwärts, folgten aber nicht erneut der Straße, sondern zogen, vielleicht weil sie jagen wollten, entlang der Else durch den Riemslohwald. Hier band Didrik sein Pferd an eine Erle und erlegte einen Elch.

Kurios ist natürlich der Drache. Um was es sich tatsächlich gehandelt hat, ist unklar. Das Wort Drache ist ein Lehnwort aus dem Griechischen und taucht im 9. Jahrhundert als „trahho" bzw. „trache" auf.[462] Darstellungen

---

[458] Eine Burg in Enger wird erst aus der Zeit der dortigen lippischen Herrschaft (Mitte des 12. Jhds. bis 1408) genannt. Diese wurde 1305 durch den Bischof von Osnabrück zerstört und nie wieder aufgebaut (ENGEL 1981: 38).

[459] https://westfalen.westfalenhoefe.de/doku.php?id=wiki.
[460] A. A. 2024.
[461] WANDHOFF 1987: 32, 34. Noch heute gibt es dort in Melle den Inselweg.
[462] PFEIFER 1993.

wurden bei den Römern als Feldzeichen gebraucht und der Drache war auch bei den Sachsen ein verwendetes Zeichen. Widukind von Corvey beschreibt in seiner Sachsengeschichte einen Krieger Hathamar, der ein Feldzeichen trug, „das von ihnen für heilig gehalten wurde, mit dem Abbild eines Löwen und eines Drachen und darüber eines fliegenden Adlers".[463]

Der Sonnengott kann hier nicht gemeint sein. Doch muss man bedenken, dass der Drache ein im Mittelalter üblicher Topos war, um das Böse allgemein darzustellen. So schreib Spangenbergk im Jahre 1594: „Aber dieses ist sonderlich zu behalten, das in den alten Heldenbüchern unter den Riesen, Drachen, Lindwürmern, und andern wilden Leuten und Thieren, so die Helden umbgebracht, anders nichts dann Tyrannen, böse, gottlose, schedliche Leut, Landverwüster, Mörder und Strassenreuber verstanden." Vermutlich war der Drache daher nichts anderes als ein ganz normaler Mensch, der den Ritter Sintram gefangen genommen hatte.[464]

Der Drache symbolisierte immer das Böse und so nimmt es kein Wunder, dass er insoweit in vielen mittelalterlichen Erzählungen auftritt. Selbst in den politischen Auseinandersetzungen der Zeit wurde sich seiner bedient. So wird in einem päpstlichen Pamphlet Kaiser Friedrich II selbst als Drache dargestellt.

Noch in Gessners „De serpentibus oder Schlangenbuch" aus dem Jahr 1513 wurde ein Drache abgebildet.[465]

---

[463] CORVEY 1981: 45.
[464] SPANGENBERGK 1597: 268.
[465] GESSNER 1513.

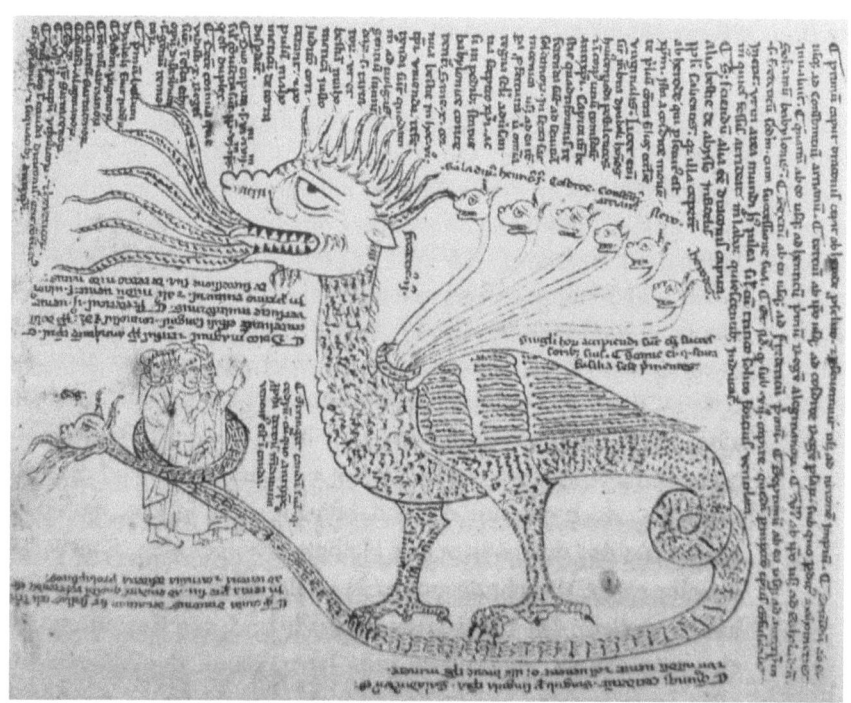

Darstellung Kaiser Friedrichs II als Drachen. So wurde er von den Vertretern des Papstes gesehen.

Geht man davon aus, dass Didrik und Fasold, von Aldinsaela kommend, gen Osten ritten, kann der Fremde eigentlich nur an einer Stelle über die Else in den Grenzwald gelangt sein, nämlich die Elsefurt beim späteren Bruchmühlen.[466] Erst hier gab es wieder eine Furt, da hier ebenfalls trockene Sandinseln die Elseniederung einengten.[467] Über diese war ein Krieger in den Gau eingedrungen und hatte Sintram gefangen genommen. Nach dessen Befreiung suchten sie im Riemslohwald nach seinem Schild. Etwas weiter östlich muss der Riemslohwald dann geendet haben, so dass dort

---

[466] Die Straße von Riemsloh nach Wetter wurde erst in der ersten Hälfte des 19. Jahrhunderts geschaffen. Siehe dazu und zur Elsefurt PIESCH 2007: 176-177.
[467] WANDHOFF 1987: 34.

dann auch Burg Aldens zu suchen ist, wo Didrik dann das Pferd Sintrams fand.

Wo lag nun Burg Alden? In der Handschrift A heißt dieser Ort „kastala er heitir Addinfils".[468] Heinz Ritter sah Aldinflis bei Rösenbeck im östlichen Sauerland gelegen[469] und an dieser Theorie hält die Amateurforschung zäh fest, ohne aber Fakten liefern zu können. Dort gibt es zwei Burgen Altenfels zwischen Brilon und Marsberg, die im 11. und 12. Jahrhundert genutzt wurden. In der Umgebung soll es die Flurbezeichnung „Im alten Fils" gegeben haben.[470] In Urkunden des 12. bis 13. Jahrhunderts werden die Burgen u. a. als „Aldenviles", „Aldinvels" und „Aldenvils" bezeichnet.[471] Es sprechen eine ganze Reihe von Argumenten dagegen, dass es sich hier um die Burg Aldinflis der Thidrekssage handeln könnte:

1. Das Pferd Sintrams wurde von Didrik bei Burg Aldinflis wiedergefunden und Heinz Ritter vermutete, dass es selbständig den Weg zurück zum Rhein genommen habe und so nach Burg Altenfels gekommen sei. Es ist völlig unwahrscheinlich, dass ein Pferd bei einer solchen Entfernung den Weg zurückfindet und ihn straks beschreitet.

2. Ritter nahm an, das Pferd habe sich halt an den Hinweg erinnern können. Doch kann Didrik auf dem Hinweg kaum über Altenfels gekommen sein, wird doch beschrieben, dass er an den Osning kommt, ihn überquert und kurz danach Burg Drekanfils erreicht. Dies wäre bei einem Weg über Altenfels unmöglich.

3. Burg Altenfels liegt vom Riemslohwald ca. 90 Kilometer Luftlinie entfernt. Es ist ebenfalls mehr als unwahrscheinlich, dass Didrik bei solch einer Entfernung zufällig ein Pferd wiederfindet.

4. Ein so weit entfernter Wiederfund in Richtung Rhein macht auch keinen Sinn, denn dann hätte Didrik erst 90 Kilometer in Richtung Heimweg gesucht, müsste dann diese Entfernung zurück zu seinen Gefährten im Riemslohwald geritten sein, um dann ein drittes Mal den Weg mit diesen

---

[468] A 39v.
[469] RITTER 1989a: 393.
[470] RITTER 1982: 133, 1989: 363.
[471] FLOER 2013: 31; SEIBERTZ 1839: 108.

zum Rhein zu nehmen. Auf solche dumme Art sucht niemand ein Pferd. Ein von Heinz Ritter postulierter Treffpunkt der drei Ritter auf der Briloner Hochfläche[472] ist reine Fantasie; vermutlich spürte er schon, dass so ein Hin- und Hergereite keinen Sinn macht und versuchte damit Kritik zuvorzukommen.

5. Dass sich Forscher erst einmal auf ähnlich klingende Ortsnamen stürzen und diese verteidigen, ist menschlich und psychologisch verständlich. Kommen dann andere mit Ideen oder Erkenntnissen, die dieses Bild erschüttern, entsteht im Vertreter der Erstthese das, was in der Psychologie als kognitive Dissonanz bezeichnet wird.[473] Hin- und hergerissen zwischen ihrem alten Glauben und neuen Fakten, werden dann die neuen Daten einfach negiert, so dass das Innere wieder Ruhe findet.[474] Gerade unter Wissenschaftlern kommt es so dazu, dass sich einmal entstandene Thesen sehr lange halten und neue Ansichten oft eine ganze Forschergeneration lang bekämpft werden. Das ist einer der Gründe, warum die Thesen von Heinz Ritter in der universitären Fachwelt ignoriert und unter seinen Anhängern oft als nicht überprüfungsnotwendig gesehen werden. So erhalten sich einmal in die Welt gesetzte Thesen sehr lange, wozu etwa solche, dass Drekanflis der Drachenfels am Rhein, Saurierspuren die Ursache von Elefant und Drachen im Riemslohwald und Aldinflis die Burg Altenfels sei, gehören. Derartige Mythen der Fachwelt müssen erst einmal entzaubert werden, bevor wissenschaftliche Erkenntnisse möglich sind.

6. Bezieht man sich auf den Ortsnamen, so ist zu berücksichtigen, dass im Originalpergament der Thidrekssaga in der Königlichen Bibliothek in Stockholm an allen Stellen der Erwähnung von Aldinflis und Drekanflis die Endung -flis auftritt. Erst in den späteren isländischen Handschriften bzw. der Membrane ist dies dann in -fils verändert worden. Daher macht

---

[472] BECKER 2002: 2.

[473] WÄCHTER 2022.

[474] Das gilt allerdings nur für Personen, bei denen das innere Selbst noch nicht voll entfaltet ist. Ansonsten findet ein offener Austausch der Argumente statt, wie es in den Wissenschaften sein sollte.

es gar keinen Sinn nach einem Ort Altenfels zu suchen. Flis hat eine ganz andere Bedeutung.

7. Dass -flis/-fils nicht Felsen meinen kann, hat bereits Heinz Ritter selbst richtig festgestellt, da offenliegendes Gestein in Norddeutschland als „Stein" bezeichnet wurde.[475] Beim Altenfels wurde er dann seinem eigenen besseren Wissen untreu, um eine Zuordnung zu erreichen.

8. Sieht man sich nicht die fehlerhaften Übersetzungen, sondern das Pergamentoriginal der Thidrekssaga an, so wird aus den Bezeichnungen Skog/Skogen deutlich, dass Aldinflis direkt am Riemslohwald gelegen hat, also nicht 90 Kilometer von dort entfernt.

9. Die meisten Ortsnamen treten in ihren Varianten mehrfach auf. Ein einzelner Name bedeutet daher überhaupt nichts. Es bedarf stattdessen eines vorsichtigen Inbeziehungsetzens von Orten und Handlungen, um ein gegenseitiges Beziehungsgeflecht erkennen zu können. Burg Aldinflis steht in der Thidrekssage ja nicht so isoliert, wie die Burg Altenfels bei Brilon. Stattdessen haben wir ein Beziehungsgeflecht von Riemslohwald, Burg Drekanflis, Burg Aldinflis, dem Osning, dem Ort Aldinsaela und eines Herrschaftsgebietes von König Drocian. Heinz Ritter hatte dies bereits gut erkannt, lag allerdings mit den Burgen Limberg und Altenfels falsch, weil ihm lokale Besonderheiten im Umfeld des Riemslohwaldes unbekannt waren und er daher in seiner Not in größerer Entfernung suchte. Burg Altenfels passt in ein solches Beziehungsgeflecht der Orte nicht hinein.

10. Die Burgen Altenfels sind 1969 eingehend archäologisch untersucht worden. Sowohl die Bauformen als auch die reichlich gefundene Keramik erbrachten den Nachweis von zwei typischen Höhenburgen des 11. bis 14. Jahrhunderts. Material, das in ältere Zeit zurückweist, liegt nicht vor.

---

[475] RITTER 1980: 10; PFEIFER 1993.

Die Else bei Ahle 2025. Der Flusslauf ist begradigt und die angrenzenden Wiesenflächen drainiert. Ursprünglich befand sich hier ein gewässerbegleitender sumpfiger Erlenbruchwald. Die Furt ist durch eine Brücke ersetzt.

Somit haben die beiden Burgen Altenfels bei Brilon für das frühe Mittelalter und die Thidrekssaga keinerlei Relevanz. Wir haben vielmehr gesehen, dass Burg Alden in engerer Umgebung des Riemslohwaldes zu suchen ist. Zieht man nun nach der Furt bei Bruchmühlen ostwärts durch den östlichen Teil des Riemslohwaldes, erreicht man an dessen Ende den kleinen Ort Ahle, der heute zu Bünde gehört. Er ist für das Ende des 12. Jahrhunderts als „Ale" überliefert[476] und meint „wasserumflossenes Wiesengelände", „sumpfiges Gelände", „Schlamm. Morast, morastiges Wasser",[477] eine einst wohl treffende Bezeichnung des Platzes hier am Elseufer. Der Name steht aber wieder auch mit dem oben beschriebenen „Aldin" in Verbindung. Das heißt, auch hier handelte es sich eventuell um einen Selhof. Bemerkenswert ist, dass im in der Königlichen Bibliothek in Stockholm aufbewahrten Original der Thidrekssage in Höhe der Geschehnisse in Aldinflis am Rand in neuzeitlicher Schrift dazugeschrieben wurde: „Holsten?".[478] Holsen ist ein kleines Dorf unmittelbar nördlich von Ahle. Unklar ist, wer diesen Vermerk angebracht hat; es könnten neben Johannes Peringskiold[479], Henrik Bertelsen oder Carl Rikard Unger gewesen sein, die beide im Original handschriftlich als Benutzer eingetragen sind und die zur Thidrekssaga forschten.[480] Es scheint also jemand schon im 18. oder 19. Jahrhundert zu örtlich ähnlichen Vermutungen gekommen zu sein, Aldinflis bei Bünde-Ahle zu verorten.

---

[476] MEINEKE 2011: 26.

[477] MEINEKE 2011: 26-27.

[478] www.manuscripta.se/ms/101252.

[479] PERINGSKIOLD 1715.

[480] UNGER 1853, BERTELSEN 1905. Die Randnotizen im Pergament stammen von mindestens drei Schreibern.

7. Ergebnis

Mit Hilfe der gewählten vier Ansätze lassen sich einige moderne Mythen und Fehldeutungen zur Thidrekssage entzaubern. Wir haben es hinsichtlich Didrik nicht mit einem gewaltigen Helden zu tun, der heroische Kämpfe mit Elefanten und Flugdrachen besteht und dabei vom Osnabrücker Land bis ins Sauerland unterwegs ist. Sondern die Geschichte ist wohl profaner und soll hier nach den gewonnenen Erkenntnissen mal etwas anders erzählt werden:

Der Jugendliche Dietrich von Bern hatte, noch relativ unerfahren in den Kriegskünsten, in seiner Heimat nicht gerade gut dagestanden. Um sein Ego wieder aufzupäppeln, zieht er über den Osning in das Land der Engern. Er gelangt an den Sitz des verstorbenen Gaufürsten Drocian in Dreyen bei Enger. Hier ist ihm das Glück holt und es gelingt ihm, den Bräutigam der Witwe, den kleinadeligen Ekke, im Kampf zu töten. Dessen Bruder Fasold verdächtigt Dietrich des Mordes. Doch in einem Zweikampf erkennt er dessen Stärke, so dass sie beschließen, den Kampf nicht fortzusetzen, sondern sich gegenseitig Unterstützung versprechen. Zur Beurkundung dessen reiten sie zum Tingplatz in Altenmelle, wo der ansässige Ritter des Selhofes in seiner richterlich-notariellen Funktion den Treuschwur entgegennimmt. Dietrich und Fasold reiten dann fort und kommen durch den Riemslohwald, wo sie jagen. Dazu binden sie die Pferde an eine der dort zahlreichen Erlen und erlegen einen Elch. Beim Weiterritt treffen sie in Höhe der Elsefurt von Bruchmühlen auf einen fremden Krieger, der in den Gau eingedrungen ist und den Ritter Sintram gefangengenommen hat. Dietrich und Fasold töten den Eindringling und befreien Sintram. Dieser war aus Bern dem jugendlichen Dietrich als Aufpasser oder Unterstützer hinterhergeschickt worden, unnötiger Weise, wie sich nun gezeigt hatte. Im kleinräumigen Riemslohwald finden sie Sintrams Schild und am Rand des Waldes beim Selhof in Ahle dann auch dessen Pferd. Nach ihrer Rückkehr erzählen sie ihre Geschichte voller Stolz und Übertreibung.

Natürlich bleiben auch keine Schmähungen über den eingedrungenen fremden Krieger aus, diesem bösen Drachen, wie sie ihn bezeichnen. Im Laufe der Jahrhunderte wird die Verhöhnung nicht mehr verstanden und aus dem Krieger wird ein tatsächlicher Drache. Eine der Abschriften der Thidrekssage erfolgt dann im Hochmittelalter am Hof Kaiser Friedrichs II in Süditalien. Der dort tätige Kopist versteht die Bezeichnungen „elira" und

„elkont" und schreibt guten Gewissens Olive und Elefant in das Manuskript, das dann durch Schenkung an König Hakon von Norwegen gelangt. Später überträgt ein Skandinavier den Text ins Schwedische.

Fantasie? Ja, vielleicht. Doch nicht mehr fantasievoll als all das, was frühere Autoren zu den Abenteuern Dietrichs im Land der Engern geschrieben haben. Und das ist es, was wir verstehen sollten. Wir können falsche Wege der Sagendeutung entzaubern, wir können auf Fehler hinweisen, Missdeutungen aufzeigen und die persönlichen Hintergründe und psychologischen Antriebe der Forscher aufdecken. Wir können versuchen, moderne Mythen aufzudecken und falsche Örtlichkeiten auszuschließen.

Doch was wir nicht können, ist die tatsächliche Wahrheit finden. Beweise dafür zu finden, was eine einzelne Person im 5. Jahrhundert wirklich erlebt und vollbracht hat, ist letztendlich unmöglich. Es kann nie mehr sein, als eine vorsichtige Annäherung.

Daher braucht es auch keine Konflikte zwischen sehr weit denkenden Vertretern der Citizen Sciences und demagogischem universitären Fachgelehrten. Recht hat da tatsächlich keine Seite. Daher wird letztendlich eine Zusammenarbeit immer vorteilhafter sein.

Gemeinsam kann es gelingen, sich etwas den damaligen Begebenheiten anzunähern und dabei vielleicht hier und da eine für die Wissenschaft neue Erkenntnis gewinnen.

Wäre das allein schon Wert, sich mit der Thidrekssage zu beschäftigen, so tritt die Freude an der Materie hinzu, die wir mit ihrer Beschäftigung erleben. Sie ist der allergrößte Wert.

Und ist es nicht fantastisch, wie eine einzelne Sage schon seit eineinhalb Jahrtausenden die Menschen erfreuen kann.

8. Literatur

A. A. (2024): Die Selhofe – Ort der Hinrichtungen in Melle, Melle History, melle-history.de/selhofe.

A. A. (H.) (1936): Das Riemsloher Weistum – Die Hausgenossenschaften des Mittelalters, Heimatblatt, Beilage der Neuen Volksblätter (Osnabrücker Volkszeitung), 72, vom 12. März 1936.

ABELS, H. (1927): Die Ortsnamen des Emslandes in ihrer sprachgeschichtlichen und kulturgeschichtlichen Bedeutung, Paderborn.

ACKERMANN, J. A. (2022): Mimung: Die Taten des Dietrich von Bern und die letzte Schlacht der Nibelungen, Nürnberg.

ADELUNG, J. C. (1777): Unterweisung der vornehmsten Künsten und Wissenschaften zum Nutzen der Schulen, Leipzig.

AICK, G. (1954): Deutsche Heldensagen, Wien.

AMARI, M. (1938): Storia dei musulmani, Catania.

ARBEITSGRUPPE CHRONIK DER PFARRGEMEINDE ST. JOHANN - RIEMSLOH (1990): St. Johann – Riemsloh 1090-1990 – Geschichte und Gegenwart, Melle.

BAADER, T. (1948): Alte Namen des Haseflusses, Osnabrücker Mitteilungen, 63.

BADENHAUSEN, R. (2021): Iron und Apollonius mit „Salomon" in der Thidrekssaga, Der Berner, 88: 8-19.

BAHLMANN, P. (1897): Westfälischer Sagenkranz, Münster.

BAHLMANN, P. (1898): Münsterländische Märchen, Sagen, Lieder und Gebräuche, Münster.

BAHLOW, H. (1985): Deutschlands geographische Namenwelt, Frankfurt.

BALLERSTEDT, M. (1922): Über Schreckensaurier und ihre Fußspuren, Kosmos, 19: 77-80.

BÄUMER, H. F. (2003): 1000 Jahre Bauerschaft Meesdorf - Burschup Miärstrup, Der Grönegau, 21: 167-204.

BÄUMER, H. J. (2023): Rom liegt in Melle, Meller Jahrbuch 2024, 42: 79-81.

BAZCKO, L. v. (1815): Legenden, Volkssagen, Gespenster- und Zaubergeschichten, Halle.

BECHSTEIN, L. (1853): Deutsches Sagenbuch, Leipzig.

BECKER, D. W. (2002): Rimslo Aldinfils, Melle.

BEHRMANN, T. (1996): Norwegen und das Reich unter Hakon IV (1217-1263) und Friedrich II (1212-1250), Hansische Literaturbeziehungen – Das Beispiel der Þiðreks saga und verwandter Literatur, Ergänzungsbände zum Reallexikon der Germanischen Altertumskunde, 14: 27-53.

BENTHEIM-TECKLENBURG, M. z. (1847): Sagen und Bilder, Darmstadt.

BERKE, S. (2009): „haud procul" – Die Suche nach der Örtlichkeit der Varusschlacht, in: LANDSCHAFTSVERBAND WESTFALEN-LIPPE, 2000 Jahre Varusschlacht, Mythos, Darmstadt, 133-138.

BERTELSEN, H. (1905): Didriks Saga af Bern, 1, Kopenhagen.

BEST, W. (1996): Ostwestfalen im 4. und 5. Jahrhundert nach Christus – Gedanken zur ethnischen Veränderung einer Landschaft während der Völkerwanderungszeit, Ravensberger Blätter, 1: 29-38.

BEZIRKSREGIERUNG MINDEN (1846): Meyerhof zu Dreyen, Amtsblatt der Regierung Minden 1846, Öffentlicher Anzeiger, Nr. 31 vom 31. Juli 1846.

BLOK, P. D.; KÜNZEL, R. E.; VERHOEFF, J. M. (1988): Lexicon van nederlandse toponiemen tot 1200, Amsterdam.

BOER, R. C. (1910): Die Sagen von Ermanarich und Dietrich von Bern, Halle.

BOOR, H. d. (1965): Das Nibelungenlied, Wiesbaden.

BÖSEKE, H. (2008): Osning und Aldinfils, Eine plumpe Fälschung der Briloner Kalandbruderschaft bringt Licht in die THS, Der Berner, 34: 36-37.

BOURSEAU, H. (1996): Arminius-Varus-Schlacht – Von der Weser bis… Kalkriese? - Schlachtfeld oder Marsch-Schlacht, Heimatjahrbuch des Osnabrücker Landes 1996, 37-43.

BRANDSTÄTER, F. E. (1909): Märkisch-Westfälische Ortsnamen, Witten.

BRATHER, S.; GEUENICH, D.; HUTH, C. (2010): Historia archaeologica, Berlin.

BRENNER, R. (2016): Retter in der Not – Versorgung, Pflege und Heilung im mittelalterlichen Osnabrück, Osnabrück.

BREPOHL, W. (2004): Neue Überlegungen zur Varusschlacht, Münster.

BREPOHL, W.; TEMLITZ, K. (2009): Neue Überlegungen zur Varusschlacht, Westfalen Regional.

BRUCH, R. v. (1965): Die Rittersitze des Fürstentums Osnabrück, Osnabrück.

BUBE, A. (1839): Deutsche Sagen, Gotha.

BUBE, A. (1842); Deutsche Sagen und sagenhafte Anklänge, Jena.

BUSCH, W. (1910): Ut öler Welt, München.

BÜSCHING, J. (1812): Volks-Sagen, Märchen und Legenden, Leipzig.

CAPELLE, T. (1998): Die Sachsen des frühen Mittelalters, Darmstadt.

CINCINNIUS, J. (1539): Van der niderlage drijer Legionen, Köln.

CLÜVER, P. (1616): Germaniae antiquae libri tres, Leiden.

CLÜVER, P. (1631): Germaniae antiquae libri tres, Leiden.

COECKELBERGHE-DÜTZELE, G. R. W. v. (1838): Ruinen oder Taschenbuch zur Geschichte verfallener Ritterburgen und Schlösser: nebst ihren Sagen, Legenden und Mährchen, 5 Bd., Wien.

COLSHORN, C.; COLSHORN, T. (1854): Märchen und Sagen, Hannover.

CORVEY, W. v. (1981): Res gestae Saxonicae – Die Sachsengeschichte, Stuttgart.

CRONE, J. (1883): Sagen des Hase-Thales, Osnabrück.

CRONE, W. (1899): Sagen und sagenhafte Erzählungen des Kreises Bersenbrück, Lingen.

DAHM-ARENS, H. (1983): Bodenkarte von Nordrhein-Westfalen 1:50.000, Blatt L 3916 Bielefeld, Krefeld.

DASENT, G. W. (1894): The Saga of Håkon, and a Fragment of the Saga of Magnus, London.

DETTMANN, J. (2023): Ausflug in die Welt von Rittern, Riesen und Drachen – Geleitwort der Bürgermeisterin, Sagen des Grönegaus und angrenzender Gebiete, Meller Jahrbuch Der Grönegau,15-16.

DETTMER, H. (1987): Sagen, Märchen und Legenden aus der Region Osnabrück-Emsland, Osnabrück.

DETTMER, H. (1990): Sagen, Legenden, Sitten und Bräuche aus der Region Osnabrück-Emsland, Osnabrück.

DIECKMANN, A. (1900): Aus der Sagenwelt, Sagen und sagenhafte Erzählungen in hoch- und niederdeutscher Sprache von Osnabrück und nächster Umgebung, Osnabrück.

DIENEMANN, W. (1939): Geologische Karte von Preussen und benachbarten deutschen Ländern, 347: Erläuterungen zu den Blättern Melle, Quernheim, Oeynhausen, Berlin.

DITTMAIER, H. (1963): Die westfälischen Namen auf -ei (-ey) und -egge, Niederdeutsches Wort, 3: 1-12.

DIVISION SCHNELLE KRÄFTE G1 DER BUNDESWEHR (o. J.): Trainingshandbuch Bewerber KSK, Calw.

DR. (1855): Mythen, Sagen und Märchen aus dem deutschen Heidenthume, Leipzig.

DREWES, R. (2010): Sagensammlungen des Osnabrücker Landes, Heimatjahrbuch Osnabrücker Land 2010, 178-184.

DROEGE, K. (1929): Zur Thidrekssaga, Zeitschrift für deutsches Altertum und deutscher Literatur, 66(1): 33–46.

DUERR, H. P. (2011): Die Fahrt der Argonauten, Berlin.

DÜSTERLOH, D. (1963): Egge: Berg oder Aue? – Ein Beitrag zur Deutung der -egge-Namen aus topographischer Sicht, Niederdeutsches Wort, 3: 101-116.

EINHARD (1977): Vita Karoli Magni – Das Leben Karls des Großen, Stuttgart.

ELLERMANN, N.; MACHTEMES, U. (2000): Burgen und Befestigungen des Osnabrücker Landes, in: SCHLÜTER, W., Burgen und Befestigungen, Schriften zur Archäologie des Osnabrücker Landes, 2: 281-291, Bramsche.

ENGEL, G. (1934): Die Ravensbergischen Landesburgen, Bielefeld.

ENGEL, G. (1981): Dorf, Stadt und Amt Enger, Enger.

ENGEL, G. (1985): Ravensberger Regesten, I, Bielefeld.

ERICHSEN, A. (1924): Die Geschichte Thidreks von Bern, Thule – Altnordische Dichtung und Prosa, Jena.

ERNST, U. (1989): Sachsen und Franken, Detmold.

ESPENHORST, J. (1985): Dietrich von Bern im Osnabrücker Land, Heimat-Jahrbuch Osnabrücker Land, 98-100.

FANGMEYER, W. (1981): Deutung des Ortsnamens Osnabrück, des Flußnamens Hase und des Gebirgsnamens Osning, Heimatjahrbuch Osnabrücker Land 1981,19-20.

FEIGE, B. (2001): Deutungsmöglichkeiten des Flußnamens „Hase" in Verbindung mit dem Ortsnamen „Osnabrück, Heimatjahrbuch des Osnabrücker Landes 2010, 33.

FELSBERG, F. (1856): Sammlung der schönsten Sagen Deutschlands, Freiburg.

FICK, W. (1902): Die schönsten Sagen aus Rheinland und Westfalen für die Jugend ausgewählt, Hilchenbach.

FINKE, P. (2014): Citizen Science – Das unterschätzte Wissen der Laien, München.

FLOER, M. (2013): Die Ortsnamen des Hochsauerlandkreises, Bielefeld.

FLOHRE, F.; SCHARF, M.; KLEINE-BÖSE, R. (2009): 500 Jahre Kirche St. Anna – 1509-2009, Melle.

FÖRSTEMANN, E. (1913): Altdeutsches Namenbuch, 2, Bonn.

FORBIGER, A. (1848): Handbuch der Alten Geographie, aus den Quellen bearbeitet, 3. Bd., Leipzig.

FRANZ, A. (1830): Volks-Sagen, Wesel.

FREDEMAMM, W. (1961): Neuenkirchen – Geschichte der Kirche und Gemeinde, Grönenberger Heimathefte, 8.

FREDEMANN, W. (1968): Samtgemeinde Riemsloh-Hoyel, in: LANDKREIS MELLE, Der Grönegau in Vergangenheit und Gegenwart, Melle, 234-245.

FRIDERICI, J. G. J. (1816): Geschichte der Stadt Osnabrück, Osnabrück.

FRIESE, H. (1979): Die Dinosaurierfährten von Barkhausen im Wiehengebirge, Veröff. L.-Krs. Osnabrück, 1, Osnabrück.

FÜRSTENBERG, F. v. (1669): Monumenta Paderbornensis, Paderborn.

FÜRSTENBERG, F. v. (1672): Monumenta Paderbornensis, Amsterdam.

FÜRSTENBERG, F. v. (1844): Denkmale des Landes Paderborn (Monumenta Paderbornensis), Paderborn.

GESELLSCHAFT FÜR ÄLTERE DEUTSCHE GESCHICHTESKUNDE (1893): Die Urkunden der deutschen Könige und Kaiser, 2,2, Die Urkunden Otto des III, Hannover.

GOLDSCHMIDT, A. (1925): Teutoburger Wald mit Osning und Eggegebirge, Berlin.

GOTTSCHALCK, F. (1814): Die Sagen und Volksmärchen der Deutschen, Halle.

GOTTSCHALCK, F. (1815-1835): Die Ritterburgen und Bergschlösser Deutschlands, Halle.

GREULE, A. (2014): Deutsches Gewässernamenbuch, Berlin.

GRIMM, A. L. (1886): Deutsche Sagen und Märchen für die Jugend, Leipzig.

GRIMM, F. P. (1820): Volkssagen und Mährchen der Deutschen und Ausländer, Leipzig.

GRIMM, F. P. (1838): Volkssagen der Deutschen, Zeitz.

GRIMM, J. (1835): Deutsche Mythologie, Göttingen.

GRIMM, J. (1853): Geschichte der deutschen Sprache, Leipzig.

GRIMM, J.; GRIMM, W. (1816-1818): Deutsche Sagen, 2 Bd., Berlin.

GRUPEN, C. V. (1764): Origines Germaniae. Observatio IV de Clade Variana, Lemgo.

GRUPPE, O. F. (1854): Sagen und Geschichten des deutschen Volkes aus dem Munde seiner Dichter, Berlin.

GÜNTHER, J. (1846): Großes poetisches Sagenbuch des deutschen Volkes, 2 Bd., Jena.

HAGEN, F. H. v. d. (1814): Die Thidrekssaga oder Dietrich von Bern und die Niflungen, Breslau.

HAGEN, F. H. v. d.; HOFFMANN, E. T. A; STEFFENS, H. (1823): Geschichten, Mährchen und Sagen, Breslau.

HALVORSEN, E. F. (1959): The norse version of the Chancons de Roland, Kopenhagen.

HAMELMANN, H. (1582): Opera Genealogico Historica, Lemgo.

HAMELMANN, H. (1711): Opera Genealogico Historica, Lemgo.

HAMM, F. (1989): Naturkundliche Chronik Nordwestdeutschlands, Hannover.

HARMS, C. (1997): Die Flurnamen der Gemeinde Börger – Atlas und Namenregister, Sögel.

HARRYS, H. (1840): Volkssagen, Märchen und Legenden Niedersachsens, 2 Bd., Celle.

HARTMANN, H. (1853): Adreßbuch der Stadt Osnabrück, Osnabrück.

HARTMANN., H. (1864): Die Babilonie, Mittheilungen des historischen Vereins zu Osnabrück, 7: 329-340.

HARTMANN, H. (1876): Wanderungen durch das Wittekinds- oder Wiehengebirge (Westsüntel), Preußisch Oldendorf.

HARTMANN, H. (1889): Die alten Wallbefestigungen des Regierungsbezirkes Osnabrück, Mittheilungen des Vereins für Geschichte und Landeskunde von Osnabrück, 14: 1-58.

HARTMANN, H. (1890): Die alten Wallbefestigungen des Regierungsbezirks Osnabrück Fortsetzung, Mittheilungen des Vereins für Geschichte und Landeskunde von Osnabrück, 15: 1-74.

HARTMANN, H. (1899): Der Süntelstein im Vehrter Bruch, Niedersachsen, 4: 216-217.

HARTWIG, H. (1948): Die Engerschen Widukindsagen, in: STADT ENGER, Enger – Ein Heimatbuch zur Tausendjahrfeier der Widukindstadt, Gütersloh, 101-149.

HAUPT, M. T. v. (1816): Aehrenlese aus der Vorzeit, Elberfeld.

HAUPT, W. (1914): Zur Niederdeutschen Dietrichsage, Inaugural-Dissertation Friedrich-Wilhelms-Universität Berlin, Berlin.

HEILMANN, M. (1968): Burgen und Rittersitze des Grönegaus, in: LANKREIS MELLE, Der Grönegau in Vergangenheit und Gegenwart, Melle, 268-307.

HEILMANN, M. (1991) Geschichte der Stadt Melle I, Grönenberger Heimathefte, 5, Melle.

HEILMANN, M.; FREDEMANN, W.; RAHE, H. (1955): Sagen des Grönegaus, Gröneberger Heimathefte, 1, Melle.

HEIMAT- UND VERKEHRSVEREIN RIEMSLOH 1932 e. V. (1997): Riemsloher Chronik, Osnabrück.

HENKEL, G. (1986): Wüstungsforschung und Periodisierung der mittelalterlichen Siedlungsentwicklung Westfalens, Westfälische Geographische Studien, 42: 305-341.

HENNIGER, K.; HARTEN, J. v. (1907): Niedersachsens Sagenborn, Hildesheim.

HENSSEN, G. (1963): Volkserzählungen aus dem westlichen Niedersachsen, Münster.

HENZE, U. (2006): Osning – Die Externsteine, Saarbrücken.

HOCKER, N. (1857): Die ethischen deutschen Sagen, Trier.

HOFFMANN, F. (1865): Kleines Sagenbuch, Stuttgart.

HOFMANN, D. (1981): „Attilas Schlangenturm" und der „Niflungengarten" in Soest – Zur Geschichtsauffassung des Volkes im Mittelalter, Jahrbuch des Vereins für niederdeutsche Sprachforschung, 104: 31-46.

HOLTHAUSEN, F. (1884): Studien zur Thidrekssaga, Beiträge zur Geschichte der deutschen Sprache und Literatur, 9(3): 451–503.

HOLZ, G. (1894): Beiträge zur deutschen Altertumskunde.

HÖMBERG, P. R. (1975): Der Vielser Berg bei Salzkotten, Führer zu vor- und frühgeschichtlichen Denkmälern, 20: Paderborner Hochfläche, Paderborn, Büren, Salzkotten, Mainz, 187-188.

HUNSCHE, F. E. (2013): Sagen und Geschichten aus dem Tecklenburger Land, Ibbenbüren.

HYLTÉN-CAVALLIUS, G. O. (1850): Sagan om Didrik af Bern, 1, Stockholm.

JAKOBI, J. A. (1832): Deutsches Land und Deutsches Volk, Leipzig.

JARECKI, H. (1999): Kultsteine und teuflische Sagen aus Vehrte, Heimatjahrbuch des Osnabrücker Landes 1999, 184-189.

JELLINGHAUS, H. (1904a): Die Hünenburg bei Riemsloh, Osnabrücker Mitteilungen, 29: 279-280.

JELLINGHAUS, H. (1904b): Stammesgrenzen und Volksdialekt, Osnabrücker Mitteilungen, 29: 1-47.

KASSEBEER, F.; SOHNREY, H. (1885): Deutscher Sagenschatz, Bernburg.

KATHOLISCHE KIRCHENGEMEINDE ST. JOHANN-RIEMSLOH (1995): Kleiner Führer durch die Pfarrkirche St. Johann in Riemsloh, Melle.

KAUFMANN, A. (1855): Deutsche Sage Erste Lese, Zeitschrift für Deutsche Mythologie und Sittenkunde, 3: 172-174.

KAUFMANN, A. (1859): Deutsche Sagen, Zeitschrift für deutsche Mythologie und Sittenkunde, 4: 162-167.

KEHREIN, J. (1865): Annolied, Frankfurt.

KLASSEN, H. (1984): Malm, in: ders., Geologie des Osnabrücker Berglandes, Osnabrück, 387-425.

KLEINEBERG, U.; MARX, C.; KNOBLOCH, E.; LELGEMANN, D. (2010): Germania und die Insel Thule – Die Entschlüsselung von Ptolemaios` „Atlas der Oikumene", Darmstadt.

KNICHEL, M. (2001): Die Christianisierung unserer Heimat, https://web.archive.org/web/20070927011620/http://www.filsen.de/nick/gesch ichte/Christianisierung_01.pdf.

KNIGGE, W. (2004): Die Diedrichsburg in den Meller Bergen, Heimatjahrbuch Osnabrücker Land 2004: 175-178.

KÖBLER, G. (2014): Althochdeutsches Wörterbuch.

KÖBLER, G. (2014): Altsächsisches Wörterbuch.

KRAMARZ-BEIN, S. (2002): Die Thidreks Saga im Kontext der altnorwegischen Literatur, Tübingen

KRÄMER, J.; KLINK, R. (2023): Sagen des Grönegaus und angrenzender Gebiete, Meller Jahrbuch Der Grönegau, 17-167.

KREIENBRINK, J. (2023): 30 Jahre Drachenfest in Melle, Meller Jahrbuch 2024, 42: 197-207.

KRÜGER, J. (1855): Westphälische Volkssagen und Erzählungen für Jung und Alt, Wiesbaden.

KUHN, A. (1859): Sagen, Gebräuche und Märchen aus Westfalen und einigen anderen besonders den angrenzenden Gegenden Norddeutschlands, Leipzig, 1: 29-46.

KUHN, A.; SCHWARTZ, W. (1848): Norddeutsche Sagen, Märchen und Gebräuche aus Meklenburg, Pommern, der Mark, Sachsen, Thüringen, Braunschweig, Hannover, Oldenburg und Westfalen, Leipzig.

KURTZ, H. (1890): Der Name Teut im Lippischen – Ein Beitrag zur Erforschung des Platzes der Varusschlacht, Düsseldorf.

LAHMANN-LAMMERT, R. (1987): Sagen, Märchen, Legenden und Aberglaube aus dem Münsterland, Leun.

LAUCKHARD, C. F. (1845): Deutsche Sagen, Darmstadt.

LAUER, H. A.; SCHLÜTER, W. (2000): Wallanlage Hünenburg bei Riemsloh, Archäologische Denkmäler zwischen Weser und Ems, Archäologische Mitteilungen aus Nordwestdeutschland, Beiheft 34: 394-396.

LAUR, W. (1993): Die Ortsnamen in Schaumburg, Rinteln.

LAUX, F. (1989): König Surbolds Grab bei Bürger im Hümmling, Nachrichten aus Niedersachsens Urgeschichte, 58: 117-127.

LEGLER, R. (2008): Das Geheimnis von Castel del Monte – Kunst und Politik im Spiegel einer staufischen „Burg", München.

LINDAUER, J. (1977a): Forschungsergebnisse zur Germania, in: TACITUS, P. C., Germania, München, 76-142.

LINDAUER, J. (1977b): Caesars Bericht über die Germanen, in: TACITUS, P. C., Germania, München, 71-75.

LINDE, R. (2011): Die ravensbergischen Sattelmeier – Eine frühneuzeitliche bäuerliche Dienstpflicht zwischen Sage und historischer Wirklichkeit, Historisches Jahrbuch für den Kreis Herford 2012, Bielefeld.

LOBBEDEY, U. (1973): Widukind und Enger, Enger.

LOBBEDEY, U. (1979): Der Altenfels nahe Brilon – Rettungsgrabung an einer hochmittelalterlichen Burg, in: ELLGER, D., Beiträge zur archäologischen Burgenforschung und zur Keramik des Mittelalters in Westfalen, Denkmalpflege und Forschung in Westfalen, 2: 11-47.

LOHMANN, W. (1908): die geologischen Verhältnisse des Wiehengebirges zwischen Barkhausen a. d. Hunte u. Engter, Jahresber. niedersächsischen geol. Ver.

MAASJOST, L. (1952): Das Eggegebirge, Landschaftsführer des Westfälischen Heimatbundes, 4, Münster.

MANGELSDORF, P. (1984): Landkreis Osnabrück – Geologische Wanderkarte, Hannover.

MANNHARDT, W. (1855): Westphälische Sagen, Zeitschrift für deutsche Mythologie und Sittenkunde, 2: 431-432.

MARQUARDT, K. (2014): Die Thidrekssaga und die Schlachten der Cherusker.

MATTHÄUS VON PARIS (um 1250): Chronica maiora.

MAUCH, R. (2003/2004): Sind die Flussnamen Vils und Fils etymologisch gleich? – Überlegungen aus südwestdeutscher Perspektive, Blätter für Oberdeutsche Namenforschung, 40/41: 148-157.

MEHLIS, C. (1918): Des Claudius Ptolemaeus „Geographia" und die Rhein-Weserlandschaft, Mitteilungen der Geographischen Gesellschaft in München, 13(1): 55-125.

MEIER, B. (2021): Melle – Gestern bis heute, 1500 Jahre Stadt-Geschichte.

MEIER, G.; FLICK, B.; KAULINS, A. (2016): Der Weserdurchbruch an der Porta Westfalica – Die Funde am Wittekindsberg und am Nammer Lager, Studien zur Vor- und Frühgeschichte Alteuropas, 22.

MEINEKE, B. (2016): Die Ortsnamen des Kreises Minden-Lübbecke, Bielefeld.

MEINEKE, B. (2011): Die Ortsnamen des Kreises Herford – Westfälisches Ortsnamenbuch, Gütersloh.

MEISSNER, R. (1978): Der Königsspiegel – Konungsskuggsja, Leipzig.

MEREDITH, M. (2003): Der Afrikanische Elefant – Eine Biographie, Kreuzlingen.

MEYER, D. (1850): Topographisches, Mittheilungen des Historischen Vereins zu Osnabrück, 2: 88-111.

MEYER, G. H. S. (o. J.): Mehr als nur ein Name – Sattelmeyer, Oberhausen.

MEYER, J. (1888): Meyers Konversationslexikon, 16, Leipzig.

MEYER-LÜBBECKE, G. (1953): Das Wiehengebirge und seine Landschaft, Osnabrück.

MONE, F. J. (1836): Untersuchungen zur Geschichte der teutschen Heldensage, Quedlinburg.

MÖRTL, T. (1846): Lieder und Sagen, Straubing.

MOTZ, U. v. (1953): Siegfried-Armin – Dichtung und Geschichtliche Wirklichkeit, Pähl.

MUCH, R. (1918/19): Teutoburgiensis saltus, Reallexikon der Germanischen Altertumskunde, 4: 314, Straßburg.

MÜCKENHAUSEN, E. (1939): Bodenkundlicher Teil, Geologische Karte von Preussen und benachbarten deutschen Landen, Erläuterungen zu den Blättern Melle, Quernheim, Oyenhausen, Berlin, 71-99.

MUDRAK, E. (1960): Das große Buch der Volkssagen, Reutlingen.

MÜLLER, F. (1839): Geschichte des Burgschlosses Ravensberg in Westfalen, Osnabrück.

MÜLLENHOFF, K. (1848): Die austrasische Dietrichsage, Zeitschrift für deutsches Altertum und deutscher Literatur, 6: 435–459.

MÜLLERHOFF (1879): Die alte Dichtung von den Nibelungen, Zeitschrift für deutsches Altertum und deutscher Literatur, 23: 113-173.

NACHTIGALL, J. K. C. (1800): Volcks-Sagen, Bremen.

NELLMANN, E. (1975): Das Annolied, Stuttgart.

NEUBOURG, H. (1887): Die Örtlichkeit der Varusschlacht, Detmold.

NEUMANN-GUNDRUM, E. (1994): Europas Kultur der Gross-Skulpturen – Der Wesensgeist des Megalithikums, Herborn.

NIEBERDING, C. H. (1853): Sagen, Mittheilungen des Historischen Vereins zu Osnabrück, 3: 37-53.

NIEBLING, P. (2006): Die beiden Jagdabenteuer von Dietrich und Fasold, Der Berner, 26: 31-34.

NIEMÖLLER, D. (1927): Enger die Wittekindstadt in Sage und Geschichte, Bielefeld.

NOAK, C. (1883): Übersetzung altdeutscher Gedichte, Jahresbericht über die Oberschule (Realgymnasium) zu Frankfurt an der Oder, Frankfurt a. O., 1-23.

NODNAGEL, A. (1835): Deutsche Sagen aus dem Munde deutscher Dichter und Schriftsteller, Dresden.

NODNAGEL, A. (1839): Sieben Bücher deutscher Sagen und Legenden, Darmstadt.

NOVER, J.; WÄGNER, W. (1891): Deutsche Volkssagen, Leipzig.

OOSTEBRINK, E. W. (2012): De Hunenslag bij Groningen – Die Hunenschlacht bei Groningen, Delft.

OOSTEBRINK, E. W. (2017): Die Anfänge der Merowingerherrschaft am Niederrhein – Gregor von Tours, die Thidrekssaga und die Hervararsaga als Quelle, Delft.

OOSTEBRINK, E. W. (2022): Engern in der Thidrekssaga, Der Berner, 92: 40-46.

OOSTEBRINK, E. W. (2024): Vilsen 2, Der Berner, 100: 24-25.

OPPITZ, P. (2006): Das Geheimnis der Varusschlacht, Kelkheim.

PERINGSKIOLD, J. (1715): Wilkina Saga eller historien om Konung Thiderich af Bern og hans kæmpar samt Niflunga Sagan, Stockholm.

PETERS, H. G. (1979): Frühgeschichtliche Befestigungen im Osnabrücker Land, Führer zu vor- und frühgeschichtlichen Denkmälern, 44: 64-96.

PETERS, H. G.; SCHLÜTER, W. (1979): Archäologische Denkmäler und Funde im Landkreis Osnabrück, Wegweiser zur Vor- und Frühgeschichte Niedersachsen, 7, Hildesheim.

PETRI, R. (1929/30): Wittekind und Sachsens Kampf um die Freiheit, Heimatblätter für den Kreis Lübbecke, Lübbecke.

PETSCHEL, G. (1979): Volkssagen aus Niedersachsen, Husum.

PFEIFER, W. (1993): Etymologisches Wörterbuch des Deutschen, www.dwds.de/wb/etymb/.

PFEIFER, W. (2018): Etymologisches Wörterbuch des Deutschen, Lahnstein.

PHILIPPI, F. (1892): Osnabrücker Urkundenbuch, 1: Die Urkunden der Jahre 772-1200, Osnabrück.

PHILIPPA, M.; DEBRABANDERE, F.; QUAK, A.; SCHOONHEIM, T.; SIJS, N. v. d. (2003-2009): Etymologisch Woordenboek van het Nederlands, Amsterdam.

PIDERIT, J. (1627): Chronicon comitatus Lippiae, das ist eigentliche und außführliche Beschreibung aller Antiquiteten und Historien der Uhralten Graffschafft Lipp, Rinteln.

PIERER, H. A. (1860) Universal-Lexikon, 11, Altenburg.

PIESCH, G. U. (2007); Die alte Straße von Melle über Buer und die Kalbsiekschlucht nach Rahden und Bremen, Der Grönegau, 26: 169-197.

PIESCH, G. U. (2010): Der „alte Turm" (turris antiqua) bei Hunteburg – ein rätselhaftes Bauwerk im nördlichen Altkreis Wittlage, Heimatjahrbuch des Osnabrücker Landes 2010, 158-177.

PLINIUS, G. (1988): Naturkunde, 3-4, Darmstadt.

PLÖGER, R. (2018): Die Wittekindsburg an der Porta Westfalica, Kreis Minden-Lübbecke, Frühe Burgen in Westfalen, 11, Münster.

POKORNY, J. (1959): Indogermanisches Etymologisches Wörterbuch, Bern.

PRÖHLE, H. (1863): Deutsche Sagen, Berlin.

PTOLEMÄUS, C. (1843): Claudii Ptolemaei Geographia, Leipzig, 3 Bd.

QUANTE, F. (1861): Westfälische Sagen und Legenden, Münster.

RADER, O. B. (2019): Friedrich II – Der Sizilianer auf dem Kaiserthron, München.

RASN, C. C. (1830): Her begynder Saggen om Kong Didrik af Bern og hans Kæmper, Kopenhagen.

RAßMANN, A. (1858): Die deutsche Heldensage und ihre Heimat, 2, Hannover.

RAU, A. (2019): Gut abgeschnitten! – „Britannisches" Geld in Nordwestdeutschland, in: LUDOWICI, B., Saxones, 118-123.

REDEKER, W. (1830): Westphälische Sagen, Westphälische Provinzial-Blätter, 1(4): 35-69.

RICHTER, A. (1874): Deutsche Sagen, Leipzig.

RICHTER, J. W. O. (1877): Deutscher Sagenschatz, Eisleben.

RICKLING, M. (2013): Sagenhaftes Osnabrücker Land – Hexen, Hünen, Höllenfürst, Erfurt.

RICKLING, M. (2014): Mehr Sagenhaftes aus dem Osnabrücker Land, Erfurt.

RIEMANN, F. (1961): Grundformen der Angst, München.

RIEPENHAUSEN, H. (1938): Die bäuerliche Siedlung des Ravensberger Landes, Siedlung und Landschaft in Westfalen, Münster.

RITTER, H. (1980): Didrik von Bern in Osning und Rimslowald, Beiträge zur Geschichte Dortmunds und der Grafschaft Mark, 72: 7-30.

RITTER, H. (1982): Dietrich von Bern – König zu Bonn, München.

RITTER, H. (1989a): Die Didriks-Chronik oder die Svava – Das Leben König Didriks von Bern und die Niflungen, St. Goar.

RITTER, H. (1989b): Die Thidrekssaga oder Dietrich von Bern und die Niflungen. St. Goar.

ROLLEKE, H. (1996): Großes deutsches Sagenbuch, Düsseldorf.

RUBEL, K. (1904): Die Franken, ihr Eroberungs- und Siedlungssystem im deutschen Volkslande, Bielefeld.

SCHAMBACH, G. (1855a): Drei Niedersächsische Sagen, Zeitschrift für deutsche Mythologie und Sittenkunde, 2: 109-110.

SCHAMBACH, G. (1855b): Niedersächsische Sagen, Zeitschrift für deutsche Mythologie und Sittenkunde, 2: 400-405.

SCHAMBACH, G.; MÜLLER, W. (1855): Niedersächsische Sagen und Märchen, Göttingen.

SCHARF, M. (o. J.): St. Annen.

SCHELL, O. (1905): Westfälische Sagen, Zeitschrift des Vereins für rheinische und westfälische Volkskunde, 2: 90-91.

SCHIERENBERG, A. (1888): Die Kriege der Römer zwischen Rhein, Weser und Elbe, Frankfurt.

SCHIRMEYER, L. (1967): Osnabrücker Sagenbuch, Osnabrück.

SCHLEMIHL, P. (1835): Wunder-Sagen und Gespensterbuch, enthaltend Spuck- und Geistergeschichten, Volksmährchen und Historien, Wien.

SCHLICHTING, M. (2008): Sagenhafte große Steine, Heimatjahrbuch des Osnabrücker Landes 2008, 39-46.

SCHLÜTER, W. (1979a): Kultsteine im Osnabrücker Land, Führer zu vor- und frühgeschichtlichen Denkmälern, 44: 39–40.

SCHLÜTER, W. (1979b): Die Vor- und Frühgeschichte der Stadt und des Landkreises Osnabrück, Führer zu vor- und frühgeschichtlichen Denkmälern, 42: 43-154.

SCHLÜTER, W. (2000a): Diedrichsburg, in: ders., Burgen und Befestigungen, Schriften zur Archäologie des Osnabrücker Landes, 2: 113-116, Bramsche.

SCHLÜTER, W. (2000b): Die Hünenburg bei Riemsloh in Krukum, Stadt Melle, Landkreis Osnabrück, in: ders., Burgen und Befestigungen, Schriften zur Archäologie des Osnabrücker Landes, 2: 161-163, Bramsche.

SCHLÜTER, W. (2000c): Die Wittekinds- oder Wieksburg im Gehn bei Ueffeln, Stadt Bramsche, Landkreis Osnabrück, in: ders., Burgen und Befestigungen, Schriften zur Archäologie des Osnabrücker Landes, 2: 277-278, Bramsche.

SCHMIDT, G. (1891): Sagen aus dem Teutoburger Walde und seiner Umgebung, Lemgo.

SCHMOECKEL, R. (2006): Als Siegfried mit dem Drachen kämpfte – Zum Ursprung der „Drachenkämpfe" in den Mythen, Der Berner, 23: 16-21.   Noch einarbeiten

SCHMOECKEL, R. (2021): Die Thidrekssaga und die geheimnisvollen „Alten-Orte", Der Berner, 86: 15-22.   Noch einarbeiten.

SCHOPPE, A. (1831): Iduna oder: Neue Belehrende und erheiternde Erzählungen, Mährchen und Sagen für Teutschlands gebildete Jugend beiderlei Geschlechts, Leipzig.

SCHOPPE, C. M., SCHOPPE, S. G., SCHOPPE, S. A. (2007): Varusschlacht – arminius-varusschlacht.de, Norderstedt.

SCHÜTTLER, A. (1986): Das Ravensberger Land, Münster.

SCHULHOF, F. (1908): Der Kreis Melle (Grönegau), Beiträge zur Heimatkunde des Regierungsbezirks Osnabrück, Lingen.

SCHÜWER, H. (1982): Rahmen, Rumpf, Rümpfen – Etymologische Untersuchungen, Niederdeutsches Jahrbuch, 104: 82-106.

SEIBERTZ (1839): Aldenvels – Eine historische Untersuchung, Zeitschrift für vaterländische Geschichte und Alterthumskunde.

SEIFART, K. (1882): Der Wunderborn, Stuttgart.

SONTHEIMER, W. (1964): Tacitus – Annalen I-VI, Stuttgart.

SPANGENBERGK, M. C. (1594): Adelsspiegel, Schmalkalden, 11(48).

SPANNHOFF, C. (2011): Auf Namenssuche, Westfälische Nachrichten vom 27.12.2011.

SPANNHOFF, C. (2015): Überlegungen zur Etymologie der Flurbezeichnung *Haar*, Heimatjahrbuch des Osnabrücker Landes 2015, 161-167.

SPEETZEN, E. (1998): Findlinge in Nordrhein-Westfalen und angrenzenden Gebieten, Krefeld.

STAATLICHE SCHLÖSSER UND GÄRTEN BADEN-WÜRTTEMBERG (2024): Kaiser Friedrich II als Herr exotischer Tiere, www.klosterlorch.de/wissenswert-amuesant/persönlichkeiten/kaiser-friedrich-ii.

STEINMEIER, F. (1989): Die Leute aus den Wiesen – Zur Geschichte der Angrivarier in Ostwestfalen, Bünde.

STRODTMANN, J. C. (1756): Idioticon Osnabrugense, Leipzig.

STRODTREES, G. (2017): Im Anfang war die Woort – Flurnamen in Westfalen, Bielefeld.

STEINBACH, T. (1910): Westfälische Sagen und andere Gedichte erzählenden Inhaltes, Paderborn.

STEINMEIER, F. (1989): Die Leute aus den Wiesen – Zur Geschichte der Angrivarier in Ostwestfalen, Bünde.

STRAUBE, E. (1837): Vaterländische Sagen, Legenden und Mährchen, Wien.

STRODTMANN, J. C. (1756): Idioticon Osnabrugense, Leipzig.

STROTDREES, G. (2017): Im Anfang war die Woort – Flurnamen in Westfalen, Bielefeld.

STURMFELS, W., BISCHOF, H. (1961): Unsere Ortsnamen, Bonn.

SUDENDORF, J. (1850): Osnabrücksche Sagen, Mittheilungen des Historischen Vereins zu Osnabrück, 2: 397-405.

SUDENDORF, J. (1853): Der Sündelstein und der Teigtrog und Backofen des Teufels, Mitteilungen des Vereins für Geschichte und Landeskunde von Osnabrück, 3: 393-399.

SUDENDORF, J. (1853): Osnabrücksche Sagen, Mittheilungen des Historischen Vereins zu Osnabrück, 3: 216-254.

SUDENDORF, J.; HEINE, E. W. (1853): Vaterländische Sagen, Mittheilungen des Historischen Vereins zu Osnabrück, 3: 400-406.

SUFFRIDUS, P. (1590): De Frisiorum antiquitate et origine libri tres, Köln.

TACITUS, P. C. (1964): Annalen I-VI, Stuttgart.

TACITUS, P. C. (1977): Germania, München.

TEMME, J. D. H. (1831): Westphälische Sagen und Geschichten, Elberfeld.

THÖRNER, U. (1989): Die früheren Gemeinden der Altkreise Bersenbrück, Melle, Osnabrück und Wittlage, Osnabrücker Land – Heimatjahrbuch 1989: 330-340.

UDOLPH, J. (1999): Flur-, Orts- und Gewässernamen im Norden der Gemeinde Belm, Osnabrücker Mitteilungen, 104: 57-89.

UDOLPH, J. (2011): Ostern – Geschichte eines Wortes, Heidelberg.

UHLMANN-BIXTERHEIDE, W. (1922): Westfalens Sagenbuch, Dortmund.

UNGER, C. R. (1853): Saga Điðriks konungs af Bern: Fortælling om Kong Thidrik af Bern og hans Kæmper, Christiania.

VEEN, P. A. F. v.; SIJS, N. v. d. (1997): Etymologisch woordenboek – de herkomst van onze woorden, Utrecht.

VERCOULIE, J. (1925): Beknopt etymologisch woordenboek der Nederlandsche taal, Den Haag.

VEREIN FÜR RHEINISCHE UND WESTFÄLISCHE VOLKSKUNDE (1909): Sagen aus Westfalen, Gütersloh.

VERHAGEN, B. (1983): Götter am Morgenhimmel – Die Religion der nordeuropäischen Bronzezeit, Tübingen.

VERHAGEN, B, (1999): Die uralten Götter Europas und ihr Fortleben bis heute, Tübingen.

VRIES, J. d. (1971): Nederlands Etymologisch Woordenboek, Leiden.

VRIES J. de (1930): Hunebedden en Hunen, Tijdschrift voor nederlandsche tall- en letterkunde, 49: 71-95.

WÄCHTER, J. (1996): Naturwissenschaftliche Bemerkungen zu den Ortsnamen Bielstein und Bielefeld, Jahrbuch des Historischen Vereins der Grafschaft Ravensberg, 199-217.

WÄCHTER, J. (2022): Angst im Systemwechsel – Die Psychologie der Coronazeit, München.

WÄCHTER, J. (2024a): Drachensagen bei Riemsloh, Der Berner, 99: 32-43.

WÄCHTER, J. (2024b): Der Elefant im Riemslohwald, Der Berner, 100: 31-42.

WÄCHTER, J. K. (1841): Statistik der im Kgr. Hannover vorhandenen heidnischen Denkmäler, Hannover.

WÄCHTER, L. (1787-1798): Sagen der Vorzeit, Berlin.

WANDHOFF, R. (1987): Der Grönegau in Wittekinds Zeiten, Grönenberger Heimathefte, 17.

WEDDIGEN, O.; HARTMANN, H. (1884): Der Sagenschatz Westfalens, Minden.

WEINAND, K. (2024): Vielsen und Wilzen, Der Berner, 98: 3-17.

WIJK, N. v. (1936): Franck`s Etymologisch woordenboek der Nederlandsche taal, Den Haag.

WILHELM, A. B. (1823): Germanien und seine Bewohner.

WINTERFELD, P. v. (1899): Poetae saxonis – Annalium des Gestis Caroli Magni Imperatoris, Poetae Latini Aevi Carolini, 4: 1-71.

WOLBRINK, W. (1948): Zur Volkskunde von Enger, in: STADT ENGER, Enger – Ein Heimatbuch zur Tausendjahrfeier der Widukindstadt, Gütersloh, 163-178.

WOLF, J. W. (1845): Deutsche Märchen und Sagen, Leipzig.

WRASMANN, A. (1908): Die Sagen der Heimat. Sagenschatz des Regierungsbezirks Osnabrück, Osnabrück.

ZAUNERT, P. (1927): Westfälische Sagen, Jena.

ZEHM, B. (2020): Burgenforschung im Grönegau – eine endlose Geschichte, Der Grönegau, Meller Jahrbuch 2021, 39: 29-52.

ZEHM, B. (2023): Oldendorf und die Diedrichsburg – Eine Ortschronik aus archäologischer Sicht, Meller Jahrbuch 2024, 42: 11-41.

ZEHM, B.; PLAß, U. (2024): Sieben Fragen zur Geschichte der Stadt Melle, Der Grönegau – Meller Jahrbuch 2025, 43: 57-88.

ZEUß, K. (1837): Die Deutschen und ihre Nachbarstämme.

H. Jürgen Wächter

Naturschutz
in den deutschen Kolonien
in Afrika (1884 – 1918)

Europa-Übersee Bd. 20

LIT

ISBN 987-3-8258-1767-1

Mit der Geschichte des Naturschutzes in den deutschen Kolonien wird eine breite Forschungslücke geschlossen. Der koloniale Naturschutz stand den Interessen von Naturnutzern gegenüber, deren Handeln umfangreiche Zerstörungen für die afrikanische Tierwelt mit sich brachte. Naturschützern gelang es jedoch, mit Unterstützung des Kaisers Schutzmaßnahmen in einem Umfang zu erwirken, wie sie im Reich selber noch nicht möglich waren. Damit setzte der koloniale Naturschutz Maßstäbe, die in Deutschland selber erst viel später umgesetzt werden konnten.

Jürgen Wächter

ISBN 978-3743116528

Massenwahn

Wie Gesellschaften verrückt werden

Wie kann es sein, dass ganze Gesellschaften einem Wahn verfallen? Wie kommt es, dass Menschen unisono so skrupellos werden, dass sie ihre Nachbarn als Hexen verbrennen, den politisch Anderen mit der Guillotine köpfen lassen oder ihn selbst mit einer Machete in Stücke hauen? Wie ist es möglich dabei noch zu glauben, richtig zu handeln? Warum kann jede Mitmenschlichkeit verloren gehen? Warum werden die wenigen Menschen, die sich vom Massenwahn nicht anstecken lassen als Staatsfeinde, Volksverräter, Verschwörungstheoretiker, Teufelsanhänger oder Untermenschen denunziert? Wie kann es sein, dass immer wieder in der Geschichte ganze Gesellschaften verrückt werden? Dass sie in einen Massenwahn verfallen. Dr. Jürgen Wächter untersucht die Zeiten des Massenwahns in einem interdisziplinären Ansatz von Geschichtsschreibung, Politikwissenschaft und Psychologie.

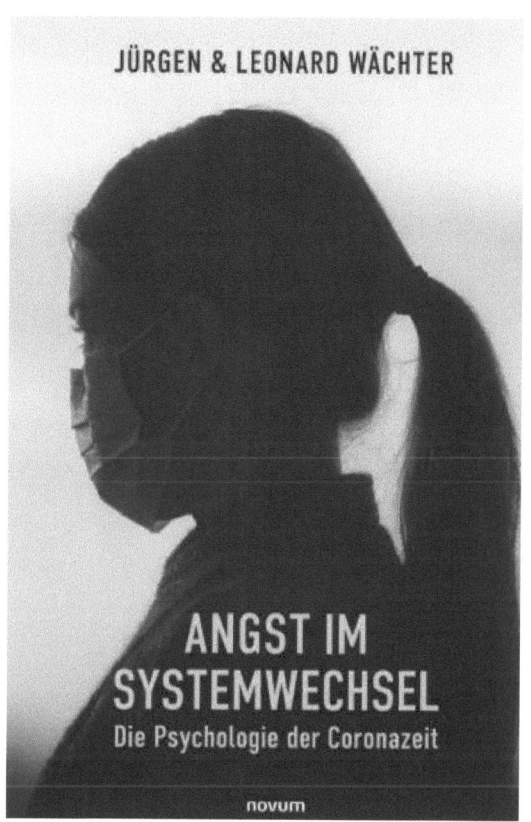

JÜRGEN & LEONARD WÄCHTER

ANGST IM
SYSTEMWECHSEL
Die Psychologie der Coronazeit

novum

450 Seiten   ISBN: 978399131166-9

Das Buch zeigt auf, was Angst eigentlich ist, wie sie in uns wirkt und was sie mit uns macht, sowohl mit uns selbst als auch mit ganzen Gesellschaften.

Wer um die Angst weiß, für den gibt es auch psychologische Methoden, sie zu bewältigen. Solche Methoden werden im Buch vorgestellt und zugleich ein Weg aufgezeigt, wie wir uns zu selbstbewussten, glücklichen, mutigen und angstfreien Menschen entwickeln können. Angstfreie Menschen sind ein Garant für eine demokratische und freie Gesellschaft.

Werden auch Sie ein angstfreier Mensch.

136 Seiten   ISBN: 9783759706577

Das Buch erzählt die Geschichte des Obergefreiten Wilhelm Wächter während des Nationalsozialismus. Es wird deutlich, dass die Schikanen, denen die Deutschen ausgesetzt waren, nicht erst mit dem Kriegsbeginn anfingen, sondern dass schon gleich nach der Machtübernahme eine umfassende Steuerung und totale Einbeziehung in die Maschinerie des Krieges erfolgte.

Wilhelm Wächter hat auf seinem Weg von Frankreich über Litauen, Weißrussland, Russland, Polen, der Slowakei, Rumänien, Tschechien, und Ungarn reiches Fotomaterial erstellt, das uns nahe Einblicke in das Leben der Soldaten und die Schrecken der Zeit bietet. Das Buch zeigt davon 140 ausgewählte Bilder, die bisher unveröffentlicht waren.

Es zeigt uns auch, wie fließend die Übergänge von der Demokratie zum Faschismus sind und wie leicht normale Menschen in den Sog autokratischer Strukturen gezogen werden, aus denen sie sich selbst nicht mehr befreien können.